流量
运营与变现

运营技巧+实战流程+案例解析+引流工具

竹林羿　李雨桐　刘宇轩◎著

中国经济出版社

图书在版编目（CIP）数据

流量运营与变现：运营技巧、实战流程、案例解析、引流工具 / 竹林羿，李雨桐，刘宇轩著. --北京：中国经济出版社，2020.9

ISBN 978-7-5136-6220-8

Ⅰ.①流… Ⅱ.①竹…②李…③刘… Ⅲ.①网络营销 Ⅳ.①F713.365.2

中国版本图书馆CIP数据核字（2020）第122665号

责任编辑	张梦初　陈宇慧　戴瑛
责任印制	巢新强
封面设计	卓义云天

出版发行	中国经济出版社
印 刷 者	北京力信诚印刷有限公司
经 销 者	各地新华书店
开　　本	710mm×1000mm　1/16
印　　张	17.25
字　　数	237千字
版　　次	2020年9月第1版
印　　次	2020年9月第1次
定　　价	49.80元

广告经营许可证　京西工商广字第8179号

中国经济出版社 网址 www.economyph.com　社址 北京市东城区安定门外大街58号　邮编 100011
本版图书如存在印装质量问题，请与本社销售中心联系调换（联系电话：010-57512564）

版权所有　盗版必究（举报电话：010-57512600）
国家版权局反盗版举报中心（举报电话：12390）　　服务热线：010-57512564

Preface 前　言

互联网时代有两种稀缺资源：一是时间，二是流量。

时间是一个伴随着人类社会诞生、发展的概念。在农业时代，日出而作、日落而息，每个人的时间都很充裕。进入工业时代之后，大机器生产代替了人工劳动，企业开始追求效率，严格控制每个生产环节的耗时，在单位时间内产出更多产品成为企业的共同目标。在这一阶段，人们开始感觉到时间的稀缺。进入互联网时代之后，产品更新速度、信息更新频率越来越快，每一秒钟都会有大量新事物、新信息诞生，稍不注意就会错失。在这一阶段，人们突然发现时间过得太快，即便在24小时/天的基础上延长一倍，也远远不足以满足工作、生活所需。

流量是一个随着互联网的出现而产生的概念。在互联网时代，流量是土壤、是空气、是一切事物赖以生存和发展的基础。人拥有流量，获得广泛关注，就具备了商业价值，可以通过销售产品、品牌代言等多种方式将流量转化为真实的经济利益；产品拥有流量，就能成为热销爆款，给企业带来巨大的经济效益；企业拥有流量，就能从同类企业中脱颖而出，塑造良好的企业形象，提高企业的投资价值……

在互联网时代，流量重要且稀缺。任何商业的竞争，本质上都是流量之争。随着互联网下半场的到来，谁掌握了流量，谁就掌握了一切！过去几年，为抢夺流量入口，阿里系、头条系、腾讯系的多家企业发起了激烈的"战争"。如果对这场"战争"的参与者进行细分，可以将其分成两个阵营，一个阵营是社交应用、视频、直播、游戏等泛娱乐平台，它们的目标是消磨用户宝贵的时间；另一个阵营是外卖、网约车、互联网金融等工具型平台，它们的目标是帮助用户节约宝贵的时间。由此可见，无论这场流量争夺战以何种方式开展，其核心都是稀缺的时间。

时至今日，企业之间的流量争夺战依然在不断上演，"布局短视频""搭建小程序""创建社群""红包大战"等，制造流量、吸引流量的手段层出不穷。但流量不是煤炭、石油等矿产资源，只要做好定位就能开采挖掘。流量就像斯宾塞·约翰逊笔下的"奶酪"，在不停地移动：从头部媒体到超级App，从图文到视频，从人工推荐到智能推荐，从一二线城市到三线及以下市场。如何把握流量的移动趋势，精准定位，是成功运营流量、完成流量变现的重要前提。

目前，在人口红利逐渐消失、用户规模增速放缓的背景下，线上获客成本越来越高，"流量焦虑"渗透到各行各业的每个角落：预算骤减、套路失灵、增长乏力、留存困难、转化率低……流量红利的衰退已成为不争的事实。当整个用户市场从增量时代过渡到存量时代，企业、品牌、商家以及个人如何解决"拉新慢、留存低、流量贵、成交难"的难题？如何借助超级流量平台，构建属于自己的私域流量池，实现低成本、高曝光、强转化的目的？

本书从短视频引流、直播引流、文案引流、活动引流、内容引流、社群引流、微信公众号引流7大维度出发，详细阐述了每个渠道吸粉引流、转化变现的实战技巧。如何打造爆款短视频？如何创作出爆款文案？如何将社群打造成流量转化变现的中转场？如何通过微信公众号完成引流与变现？这些问题都能在本书中找到答案。

读完本书，你将收获：

· **知识体系**

本书针对当前企业、品牌、商家以及个人面临的"拉新慢、留存低、流量贵、成交难"等运营痛点，采取"运营思路+案例解析+实战工具+操作指导"的框架思路，构建一套完整的、详细的、具有实操性的流量运营与变现的知识体系和操作方法，手把手教你实现从公域流量到私域流量的转化。

· **流量矩阵**

本书内容涵盖短视频引流、直播引流、文案引流、活动引流、内容引流、社群引流、微信公众号引流等7大引流渠道、20个运营专题、258个实战打法，致力于帮助企业、品牌、商家与个人搭建低成本、高曝光、全覆盖的流量矩阵体系，打破流量增长迷局，全面掌握流量运营、转化与变现的实战方法。

· **实战操作**

本书内容极具专业性和实战性，对各大流量平台运营的关键步骤都进行了详细的拆解与指导，方法简单、实用、有效、可复制。如短视频吸粉引流技巧、网红主播IP打造方法、文案撰写思路与电商转化、刷屏级活动的策划方案与运营流程、内容运营的关键要点等，助力商家品牌ROI翻倍增长。

· **落地经验**

本书作者是公域流量与私域流量运营领域的实战派专家，该书凝结了作者多年的创业实战经验，通过搭建微博、美拍、抖音、快手和朋友圈等自媒体流量矩阵，全网粉丝累计超过500万，总结了一套行之有效的流量运营方法论，既有理论深度，又有实践指导，值得广大创业者及企业运营团队借鉴和学习。

本书是一本极具系统性、专业性和实战性的运营教科书，采取"运营思路+案例解析+实战工具+操作指导"的框架思路，系统阐述企业、品牌、商家以及个人如何快速吸粉、精准引流并高效转化的实操方法，手把手教你从0到1打造私域流量池。本书既适合新媒体从业者、内部创业者、短视频运营人员、品牌策划人士、KOL达人阅读，也适合希望借助流量实现商业变现的企业、品牌或商家阅读，也可作为高等院校新闻传播、市场营销等专业的本科生、研究生培训教材。

Contents 目 录

Part 1 短视频引流 / 1

第1章 品效合一：短视频时代的品牌营销 / 3
短视频营销崛起的逻辑 / 3
短视频时代的品牌玩法 / 5
短视频营销的关键法则 / 7
短视频种草的4种方式 / 10

第2章 运营攻略：吸粉、引流与转化技巧 / 13
短视频拍摄与制作的技巧 / 13
短视频渠道运营实战攻略 / 17
短视频内容运营实战攻略 / 19
短视频用户运营实战攻略 / 22

第3章 商业变现：短视频创业的盈利模式 / 26
盈利模式1：广告变现 / 26
盈利模式2：知识付费 / 29
盈利模式3：电商变现 / 32

盈利模式4：直播带货　/35

盈利模式5：平台分成　/37

Part 2　直播引流　/41

第4章　超级IP：网红主播的自我修炼指南　/43

直播设备的选择技巧　/43

直播间装扮布置技巧　/46

直播间灯光运用技巧　/48

主播妆容搭配的技巧　/50

主播服装穿搭的技巧　/52

主播聊天的话术技巧　/55

直播规划与运营技巧　/57

第5章　直播引流：快速涨粉的运营实操技巧　/61

直播引流的3个阶段　/61

直播引流的3大策略　/64

内容简介的引流技巧　/66

直播内容的引流技巧　/68

直播评论的引流技巧　/72

社群平台的引流技巧　/74

第6章　直播带货：直播电商运营实战攻略　/76

网红主播打造实战攻略　/76

电商选品分析实战攻略　/79

直播场景运营实战攻略　/81

直播活动促销实战攻略　/84

罗永浩直播带货1.4亿元的启示　/86

Part 3 文案引流 / 91

第7章 拆解套路：揭秘爆款文案5大类型 / 93

情怀型文案：激发用户共鸣 / 93
功能型文案：挖掘产品亮点 / 95
故事型文案：感染用户情绪 / 96
自黑型文案：善用逆向思维 / 97
互掐型文案：引爆话题热度 / 98

第8章 直击痛点：抓住用户的"5秒法则" / 100

认知对比：抢占用户的心智 / 100
调动情感：增强文案代入感 / 104
激发欲望：洞察人性的弱点 / 106
痛点文案的用户接触点设计 / 109

第9章 爆款运营：从"吸睛"到"吸金" / 114

创作思路：爆款文案"三部曲" / 114
选题策划：深刻洞察人性弱点 / 117
标题拟定：迅速吸引用户眼球 / 118
内容主体：刷屏文案运营技巧 / 121

第10章 引流变现：超级转化率的电商文案 / 124

电商文案运营的3大原则 / 124
淘宝产品文案的创作思路 / 126
淘宝产品文案的创作技巧 / 128
电商文案撰写的注意事项 / 130

Part 4 活动引流 / 135

第11章 活动策划：轻松打造10W+刷屏活动 / 137

Step 1：明确活动运营价值 / 137
Step 2：紧紧围绕目标出发 / 140

Step 3：把握活动时间节点 /143
Step 4：有效吸引用户眼球 /144
Step 5：实时优化活动方案 /147
Step 6：复盘梳理活动流程 /149

第12章 引流运营：从传播到裂变的实战技巧 /151

红包活动引流运营实战攻略 /151
抽奖活动引流运营实战攻略 /154
拼团活动引流运营实战攻略 /157
投票活动引流运营实战攻略 /160
微博活动引流运营实战攻略 /165

第13章 预算控制：低成本、高曝光、高转化 /169

策划阶段：精心打磨执行方案 /169
开发阶段：跨部门的沟通协作 /170
宣传阶段：渠道推广引流攻略 /171
运营阶段：严格控制维护成本 /175
提升效率：建立两大框架思维 /177

Part 5 内容引流 /179

第14章 内容运营：新媒体时代的获客法则 /181

互联网时代的内容运营 /181
内容运营的逻辑与流程 /183
内容运营人员的4项修炼 /185
沉浸感：未来的内容运营 /188

第15章 4大环节：掌握内容运营关键要点 /191

内容审核：明确内容平台规则 /191
内容调性：高效提升运营权重 /193
内容包装：精细打磨优质内容 /194

内容专题：巧借热点引爆流量 / 196

第16章　精准触达：内容转化的运营5步法 / 200

选取素材：内容素材7大类型 / 200

优化文案：提升内容的感染力 / 202

平台发布：选择内容分发渠道 / 203

运营规则：建立内容管理机制 / 205

数据导向：高效实现内容转化 / 206

Part 6　社群引流　/ 209

第17章　粉丝裂变：移动社交时代的品牌玩法 / 211

粉丝认同：打造品牌超级符号 / 211

传播变革：重塑品牌营销模式 / 213

精准转化：从获客到流量变现 / 216

粉丝运营：品牌粉丝营销策略 / 218

第18章　运营实战：从运营到变现的进阶攻略 / 222

第1步：明确社群定位 / 222

第2步：搭建管理机制 / 224

第3步：招募社群成员 / 226

第4步：沉淀核心用户 / 227

第5步：社群商业变现 / 230

Part 7　微信公众号引流　/ 233

第19章　实战攻略：公众号运营思路与技巧 / 235

第1步：精准自我定位 / 235

第2步：建立用户画像 / 237

第3步：完善功能设置 / 239

第4步：打造优质内容 / 241

第5步：排版配色技巧　/243
第6步：文章推送技巧　/246
第7步：数据分析技巧　/248
第8步：留存促活技巧　/249

第20章　粉丝转化：公众号引流与变现技巧　/251

方法1：朋友圈推广引流　/251
方法2：公众号搜索引流　/252
方法3：个人微信号引流　/253
方法4：短视频推广引流　/254
方法5：自媒体推广引流　/257
方法6：内容引流与转化　/259

Part 1

短视频引流

第 1 章
品效合一：短视频时代的品牌营销

短视频营销崛起的逻辑

随着移动互联网、通信技术的快速发展，影响短视频推广的流量成本、终端设备等问题得到有效解决，使短视频在极短时间内便可以实现大范围推广普及。目前，短视频已经成为一种主流内容消费形态。近年来，今日头条、百度、腾讯等互联网巨头积极发力短视频，创造了一系列优秀的短视频产品，为短视频营销奠定了良好的基础。

近两年，短视频营销不仅受到了国内品牌商的青睐，也获得了麦当劳等国际品牌的高度重视，吸引国内外品牌商投入大量资源进行短视频营销与推广。例如，麦当劳于2017年4月在短视频平台Snapchat上开展了一项

"Snapchat招聘"活动,活动内容为:希望到麦当劳工作的求职者可以利用Snapchat,让自己穿上一件虚拟的麦当劳工作服,然后用一段10秒短视频展现自己的才能,并将短视频发送给麦当劳。如果短视频内容得到了麦当劳的认可,求职者将会收到进入下一环节的通知。

通过社交媒体发布招聘信息,以及借助短视频展示自身才能,都并非新鲜事物,但二者结合的情况却并不多见。通过这次特殊的招聘活动,麦当劳吸引了大量网民关注,在社会上引起了广泛讨论。该活动是麦当劳在短视频营销领域的初步探索,其真实目的是借助创意玩法推动品牌的传播推广。从活动结果来看,麦当劳实现了这一目标。

除麦当劳外,还有很多国际品牌开展了一系列短视频营销活动,如GUCCI在Instagram平台上推出#24HourAce#创意活动、欧莱雅在Snapchat平台上推出化妆滤镜等。此外,很多明星达人也借助短视频营销来推广自身的作品,如格莱美大奖得主Ed Sheeran借助Snapchat短视频滤镜推广自己的新歌等。

由此可见,短视频内容营销已经成为一种潮流。品牌、企业、个人之所以如此推崇短视频营销,主要源于短视频营销的3大优势,如图1-1所示。

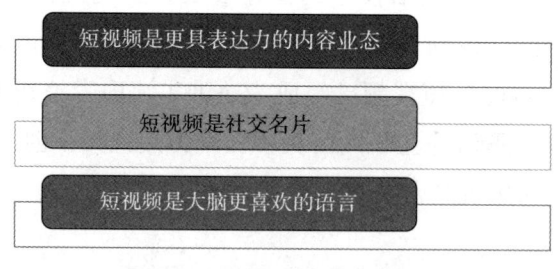

图1-1 短视频营销的3大优势

◆ **短视频是更具表达力的内容业态**

在内容营销时代，与单纯地向消费者硬性推广相比，用易于传播情感的短视频内容打动用户，让用户对品牌建立忠诚度和归属感，是更为明智的选择。短视频集声音、动作、表情等元素于一身，可以快速吸引用户关注，是一种具有极强表达力的内容业态。

◆ **短视频是社交名片**

年轻化应该是品牌的永恒追求。目前，"90后""95后"是年轻群体的典型代表，他们是互联网原住民，对图书、杂志等纸质媒体，以及电梯、写字楼等户外广告关注度较低，而使用短视频社交媒体平台却成为他们日常生活的重要组成部分。抖音、快手的崛起很大程度上就是因为迎合了年轻群体的短视频社交需求。

◆ **短视频是大脑更喜欢的语言**

与处理纯文字内容相比，人脑在处理可视化内容方面具有更高的效率。而短视频是可视化内容的典型代表，是人脑热衷接受的语言形态。与此同时，日渐加快的生活节奏与无处不在的移动互联网，使等公交、排队付款等碎片化场景能够得到充分利用。而在碎片化场景中，短视频内容尤其适合人们消费，对品牌传播推广具有重要价值。

短视频时代的品牌玩法

在短视频营销时代，品牌商应该如何抓住短视频风口，通过短视频营销实现品牌的可持续发展呢？具体如图1-2所示。

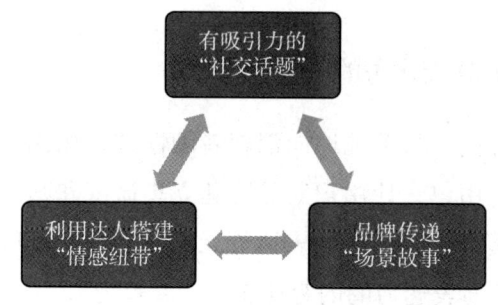

图1-2 短视频时代的品牌玩法

◆有吸引力的"社交话题"

从本质上看,短视频营销属于社交营销的范畴,是一种互动型的社会化营销模式。吸引用户参与,避免"自说自话"是短视频营销取得成功的关键。而设置对用户有较高吸引力的社交话题,通过短视频内容从某种视角给出品牌的独特见解,并邀请用户参与,是品牌商做好短视频营销的重要基础。

市面上出现的大量同质化的产品在一定程度上增加了消费者的选择成本。消费者想要在电商平台挑选一件真正适合自己的商品需要付出很多时间来"货比三家"。而短视频营销通过短视频对产品与品牌进行美化包装,再结合平台的智能推荐算法向目标用户进行精准推荐,可以帮助用户降低购物的时间成本。目前,抖音账号已经能够关联淘宝链接,消费者点击相关链接后可以跳转到淘宝卖货页面,实现方便、快捷的购物消费。

◆品牌传递"场景故事"

无数案例表明,人们对广告特别是硬广告存在一定的抵触情绪。与之形成鲜明对比的是,人们对故事类内容非常感兴趣,因此,学会讲故事是品牌的一项必修课。将情感融入品牌,推动品牌实现人格化、IP化,用故事化的内容打动用户,是品牌赢得市场竞争的必然选择。

例如，在中秋节的营销活动中，品牌可以围绕团圆这一话题，以场景剧的形式讲述陪伴家人的重要性，让消费者感同身受，在情感的刺激下产生冲动消费，并主动在其社交圈传播分享。

◆ 利用达人搭建"情感纽带"

品牌营销推广不仅要考虑与目标用户的交互方式，还要考虑渠道选择。达人可以成为品牌进行短视频营销的重要渠道，他们凭借自身在某一领域的专业知识、丰富经验、独特技能沉淀了大量忠实粉丝，影响力堪比明星。而且达人和粉丝的交互更为平等、自由，更符合年轻群体的价值观。

因此，品牌和达人合作，邀请达人创作或参与短视频，利用达人对粉丝的强大影响力传播品牌，是品牌开展短视频营销的一种绝佳手段。不过，品牌和达人合作要注意品牌调性与达人保持一致，确保达人粉丝和品牌的目标用户有较高重合度，只有这样，才能给品牌带来实质的收益。此外，顶级达人的合作成本较高，并不适合中小品牌。

在短视频营销崛起的背景下，品牌做好短视频营销既需要选择合适的平台，又需要积极创新。在平台选择方面，品牌运营团队需要对平台特性、用户特性、平台规则等产生深入认知。在运营初期，平台选择应该更多地关注质量，而非数量。在创新方面，运营人员应该有丰富的知识积累，对成功案例进行总结反思。同时，团队化运营可以在一定程度上解决创新能力不足问题，确保品牌能够向目标用户源源不断地输出高质量的短视频内容。

短视频营销的关键法则

短视频营销是当下比较流行的一种营销方式，它可以在短时间内拉近企业与消费者的距离。然而，很多企业在短视频创作运营方面不够专业，整体运营效果较差，这主要是因为企业缺乏互联网思维的营销人才，无法找到内容与行业的切入点。

短视频营销需要围绕目标受众的消费心理、消费习惯和潜在需求进行，同时，还要结合产品特性和企业特点制定整体的营销策略。这就需要企业对短视频内容实行严格地把控，具体需要遵循以下4大法则（见图1-3）：

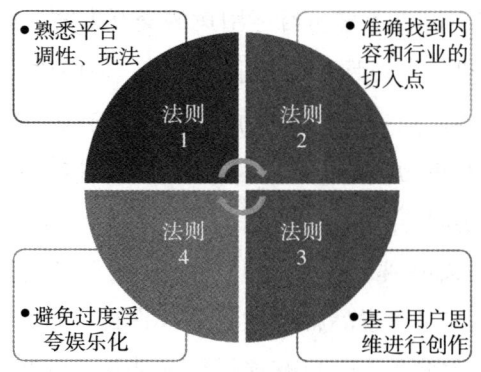

图1-3　短视频营销的关键法则

◆法则1：熟悉平台调性、玩法

企业需要选择合适的短视频平台入驻，在入驻平台之前，要对平台做一个全面的了解，包括平台的规则、玩法、传播逻辑等。

在制作短视频之前，企业要思考以下问题：头像、封面如何选择？简介如何编写？台词如何设计？内容节奏如何把控？只有做好这些基础设计，才能保证短视频内容与平台整体的节奏和气质相匹配。所以，企业要充分了解平台的调性和玩法，做好前期准备工作。

短视频创作者应该多观看一些"红人"视频，向平台头部内容生产者学习，对上升速度较快的短视频创作者给予特别关注。虽然不同红人所在的领域各不相同，但他们在短视频内容结构、节奏等方面的优点和经验值得新手学习借鉴。

◆法则2：准确找到内容和行业的切入点

切入角度是内容创作的重点，它直接决定着内容的整体走向，最常见的是从产品体验角度切入。举例来说，如果创作的是服装类短视频，可以从穿搭方面切入；如果是电子产品类短视频，可以从产品测评、生产过程等角度切入；如果是餐饮类短视频，可以从烹饪过程切入。

有些类别的短视频也可以从消费过程切入，这里可以借鉴"答案茶"。"答案茶"的短视频营销利用消费者的好奇心理，通过让消费者解密问题的答案，带给消费者良好的消费体验，获得消费者的追捧。对于短视频营销来说，找准切入点是开启内容创作的"金钥匙"。

◆法则3：基于用户思维进行创作

缺乏用户思维是传统企业开展互联网营销的一大痛点。短视频营销不等于将产品介绍从线下搬到线上，也不等于把线上图文搬运到短视频中。短视频营销要借助用户思维来开展，要求创作者要真正了解用户需求，根据用户需求创作出能够戳中用户痛点的内容。

大多数短视频平台的内容时长都很短，一般都是按秒来计算，如快手、抖音、火山等小视频。这就导致观众很难将注意力集中在某一个小视频上，一旦用户对内容不感兴趣就会直接跳过，就会极大地影响视频的数据表现。所以，短视频内容不能靠创作者的主观经验决定，而应该充分了解平台用户属性和需求，科学地选择产品、制作内容。

◆法则4：避免过度浮夸娱乐化

传统企业的产品与互联网时代的新兴产品存在较大差异。在大众眼中，传统企业的产品具有务实性，这是其主要优势。所以，将传统产品搬上抖音、快手等娱乐性平台进行营销宣传，企业不能一味地追求娱乐化的风格，应该避免浮夸，保持真诚、踏实的基调，努力将产品的务实性呈现出来，以获得观众信任，更好地实现流量转化与变现。

传统行业借助短视频这一新兴营销工具可以进一步挖掘市场潜力。越来越多的传统行业开始向线上升级转型，将传统产品与移动营销相结合，利用定制化的内容拉近与消费者的距离。

然而，升级转型并非一朝一夕之事。传统企业要不断提升互联网营销思维，积极掌握平台调性和玩法，真正理解用户思维，精准定位内容切入点，持续创作优质内容，同时与时俱进，不断创新，以免被互联网时代所淘汰。

短视频种草的4种方式

近年来，短视频行业发展迅速，新的短视频平台不断涌现。短视频凭借快节奏、碎片化、娱乐性强等特点牢牢吸引住了人们的目光。越来越多的广告主发现了这块阵地，开始尝试通过短视频种草来拉动产品销量。短视频种草的4种方式如图1-4所示。

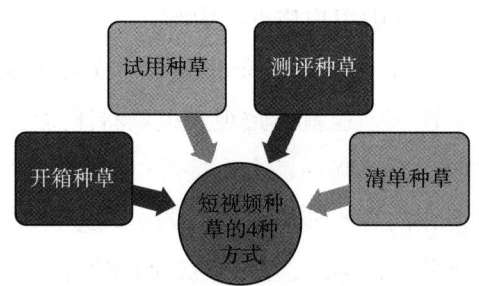

图1-4 短视频种草的4种方式

◆ **开箱种草**

开箱种草一般包括包裹、开箱、撕标签、试用等环节，创作者需要站在用户视角向观众展示产品,激发并满足观众的好奇心,使观众对产品产生好感,从而吸引他们购买产品。这种种草方式简单、直观,容易引起消费者关注。

例如,抖音开箱达人"中二的开箱",通过拍摄产品拆箱、展示、试用、评价等短视频向观众展示产品,讲解产品的功能及使用方法,激发观众的购买冲动,完成"种草"。

◆试用种草

顾名思义,试用种草就是通过亲自试用产品激发观众的购买冲动。达人需要在试用产品之后,及时向观众分享试用感受,评价产品性能。通过镜头拍摄,直接向观众展示产品效果。这种种草方式的真实性更高,可以让用户全方位地了解产品信息。

例如,"口红一哥"李佳琦经常通过视频向观众展示新款口红,他会将口红直接涂到自己的嘴唇上,向观众展示口红的真实颜色,同时给出评价并推荐。李佳琦凭借出色的试用种草能力赢得了大量女性用户的心。

◆测评种草

作为一种客观的种草模式,测评种草的可信度更高。它需要达人认真测试产品的外观、性能和功效等多个方面的内容,然后再根据测试结果给出真实的评价。

例如,"妮可种草"是抖音平台上的测评达人,在做防晒产品测评时,她分别对四款防晒产品的质地、使用感给予了评价,让用户可以快速了解产品的优缺点,做出适合自己的选择。

◆ **清单种草**

清单种草在内容上更为丰富。一般来说，达人会专门设置一个主题，或者组织一次专场，将推荐产品汇总成一个清单，集中向观众推荐。清单种草的特点在于它能不留痕迹地将推广产品植入清单，然后以不引起消费者反感的方式进行种草。

例如，抖音平台上的"香蕉仔吃惠州"就是一名清单种草达人。这位达人曾向观众展示一份益禾堂内部员工隐藏菜单，达人先将饮品名称列成清单，然后再对号入座地一一展示清单上的产品，带给观众更直观的种草体验。

第 2 章

运营攻略：吸粉、引流与转化技巧

短视频拍摄与制作的技巧

随着抖音、快手等短视频平台的相继崛起，短视频越发流行。一个有料有趣的短视频不仅可以带给用户良好的观看体验，而且可以快速提升品牌的影响力，提高产品销售的转化率。抖音、快手等平台用各种工具降低了短视频的制作门槛，但想要保证短视频在吸粉、引流、转化方面的效果，必须掌握一定的拍摄技巧，具体如图1-5所示。

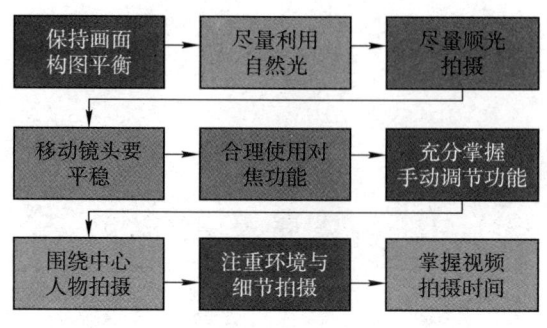

图1-5　短视频拍摄与制作的技巧

◆ **保持画面构图平衡**

短视频的构图规则与静态摄影构图非常相似，要重点关注拍摄对象在画面中的位置，注意画面中各物体之间的内在联系，对构图对象的大小、位置进行适当调整，明确其在整个画面中的地位，让整个画面保持平衡。一般来说，一个完美的构图应该做到两点：第一，画面整洁流畅，没有杂乱的背景；第二，色彩平衡，层次鲜明，主体突出。

◆ **尽量利用自然光**

要想让短视频呈现完美的画面，必须对光线进行合理利用，这里的光线以自然光为最佳。自然光有三种形态，分别是直射的阳光、散射的天光和环境的反光。短视频制作者必须对这三种形态的自然光做出全面把握，以保证画面呈现出来的视觉效果。利用自然光拍摄短视频，就是要迎合自然光"自然而然"的变化规律，选择与最初创作意图相符的拍摄地点、拍摄时间和拍摄角度，让短视频呈现理想的效果。

◆ **尽量顺光拍摄**

在拍摄过程中，摄像师一定要确定拍摄对象与光线（自然光或灯光）

之间的位置关系。最基本的做法就是让拍摄对象面向光源，即将光源放置在拍摄对象的前面。如果发现拍摄对象没有立体感，在自然光条件下可以让拍摄对象稍微移动，侧对光源；在灯光环境下，可以将光源斜置，提高对比度，增强画面的立体感。

如果是逆光拍摄，为了防止出现阴影，导致拍摄对象脸部过暗，一定要使用反光板。因为大多数手机或者摄像机的逆光补偿功能都不太尽如人意。另外，因为摄像机的白平衡是根据背景色调自动调节的，在光线昏暗的环境中，要想得到自然真实的画面色彩，摄像师必须手动调节。

◆ 移动镜头要平稳

在进行移动镜头拍摄时，必须保证镜头稳定。稳定镜头有两种方法：一是使用三脚架，将手机或摄像机架设在三脚架上，平稳移动；二是保持稳定站姿，拍摄者手持手机或者摄像机站立，双脚分开约50厘米，脚尖稍微朝外呈八字形，摇动腰部，以保证画面的稳定性。

无论上下摇摄还是左右摇摄，摄像师的动作都应该平稳流畅，中间不能出现任何停顿，移动速度不能忽快忽慢，不要过分移动镜头，也不要在不必要的情况下移动镜头。为保证短视频呈现出来的效果，摄像师要合理控制摇摄的起点与终点，做一次左右摇摄或上下全景摇摄，切忌来回晃动。

◆ 合理使用对焦功能

在短视频拍摄过程中，摄像师要将拍摄对象放在画面中央，保证拍摄对象前面没有来回移动的物体，以免影响红外线测距的精准度。虽然手机、摄像机都有自动对焦功能，但在某些情况下，如隔着铁丝网或者玻璃，会导致画面焦距不稳定，画面时而清晰，时而模糊，无法掌控。面对这种情况，摄像师要将自动对焦调整为手动对焦，以保证画面的清晰度。

◆ **充分掌握手动调节功能**

目前，短视频拍摄使用的手机、DV摄像机大多是全自动设备，拍摄者只要打开电源，按下拍摄键，就可以自由拍摄。但为了获得更好的画面效果，拍摄者应该努力提升自己的摄影技术，深入了解自己的手机或摄像机，掌握手动调节功能，学习如何控制焦点，调节曝光度与白平衡等。

◆ **围绕中心人物拍摄**

在某些场景中，如婚礼、婴儿的满月酒等，短视频拍摄对象可能不止一个人。面对这种情况，拍摄者要精准识别主人公，将主要精力放在主人公身上，无须照顾到每一位到场者，为每一位来宾存照。在这类短视频作品中，主人公的言行及情绪变化是拍摄重点，即便拍摄到其他人，也应该以衬托主人公为主，切忌喧宾夺主，让短视频成为一本没有主题的流水账。

◆ **注重环境与细节拍摄**

细节刻画是否成功是衡量短视频作品优劣的一个重要标准。在拍摄短视频的过程中，手机或摄像机通过改变镜头焦距可以从宏观或者微观层面对周围环境进行审视，呈现一个全景与细节交织的视觉。所以，在短视频拍摄的过程中，拍摄者应该学会利用手机或摄像机观察周遭环境，记录肉眼不易看到的细节。

◆ **掌握视频拍摄时间**

为了让观众看到更详细的画面，从一个画面转向另一个画面时，应该让镜头停留几秒钟。在拍摄动态影像时，拍摄者要配合时间移动摄像机；在拍摄风景时，拍摄时间最好控制在10秒左右。

如果拍摄时间太短,图像呈现不清晰,可能会影响观众的观感。反之,如果拍摄时间太长,又会影响观众的观看热情。在这种情况下,摄像师要把握每个镜头的拍摄时间,如特写镜头2~3秒,中近景3~4秒,中景5~6秒,全景6~7秒,大全景6~11秒,一般镜头4~6秒。

短视频渠道运营实战攻略

近几年,快手、抖音等短视频平台成为新的流量基地,集聚了海量用户,而且日均活跃用户量极高,吸引了很多企业前来布局。然而有一个问题需要注意,虽然短视频平台的数量比较多,但彼此之间的调性不同。选择哪个平台作为引流渠道,企业要慎重考虑。短视频渠道运营技巧如图1-6所示。

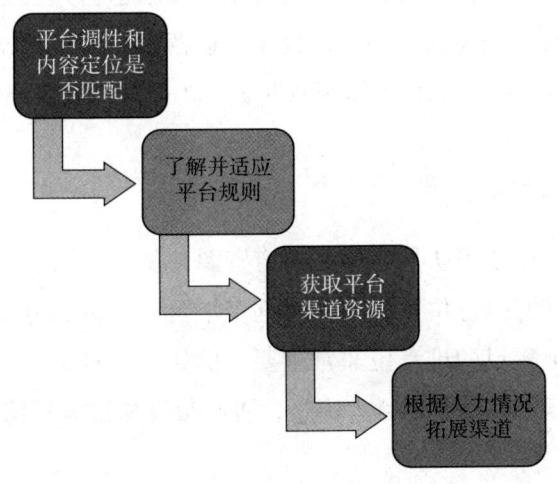

图1-6 短视频渠道运营技巧

◆ **平台调性和内容定位是否匹配**

每个平台都有自己的独特属性,平台用户也是如此。例如,今日头条的男性用户居多,适合发布科技类、汽车类等男性用户比较感兴趣的内容；美拍的女性用户居多，适合发布美妆类、时尚类等女性用户比较感兴趣的内容；B站聚集了很多游戏爱好者，游戏电竞类短视频可以选择该平台发布。

也就是说，在选择短视频投放渠道之前，运营人员必须对短视频的定位和营销目的进行深入思考，了解短视频平台的调性和用户特点，判断短视频平台的用户与短视频的受众群体是否吻合。只有明确这些问题之后，才有可能选到一个合适的短视频平台。

◆ 了解并适应平台规则

在确定投放平台之后，运营人员必须了解平台规则，根据平台规则创作短视频，保证短视频可以成功发布，获得平台的流量支持。例如，抖音、快手等平台对短视频时长有严格限制，要求运营人员必须对短视频时长进行严格控制。如果选择多渠道分发，运营人员就要根据不同渠道的要求对短视频进行剪辑，如控制短视频时长、为短视频添加备案号等。

◆ 获取平台渠道资源

如果短视频运营团队拥有一些渠道资源，例如，可以联系平台给短视频提供一个较好的推荐位，就可以将这个平台作为重点分发渠道。对于短视频来说，一个醒目的推荐位非常重要。例如，今日头条，如果短视频能够获得平台推荐，就能获取巨大流量，否则很容易被海量信息淹没。

◆ 根据人力情况拓展渠道

如果人力、财力不足，短视频运营人员可以与一些渠道合作，将短视频发行权授予这些渠道，在节省人力成本的同时扩大渠道影响力。据美秒短视频助手统计，目前市场上的短视频分发渠道大概有60多个，为了获得更多流量，短视频完全可以选择多渠道分发。

Part 1 短视频引流
第2章 运营攻略：吸粉、引流与转化技巧

需要注意的是，短视频运营可以选择一个渠道作为主渠道，但不能将所有资源投放到一个渠道上。否则，一旦这个渠道出现意外，被封号或者账号丢失等，就会面临严重损失。

短视频内容运营实战攻略

近几年，短视频行业的各项机制不断变化，平台竞争愈演愈烈。短视频运营人员要想跻身其中，在短视频行业占据一席之地，不仅要持续生产优质的短视频内容，还要掌握短视频运营与制作技巧。具体来看，短视频内容运营需要哪些技巧呢？具体如图1-7所示。

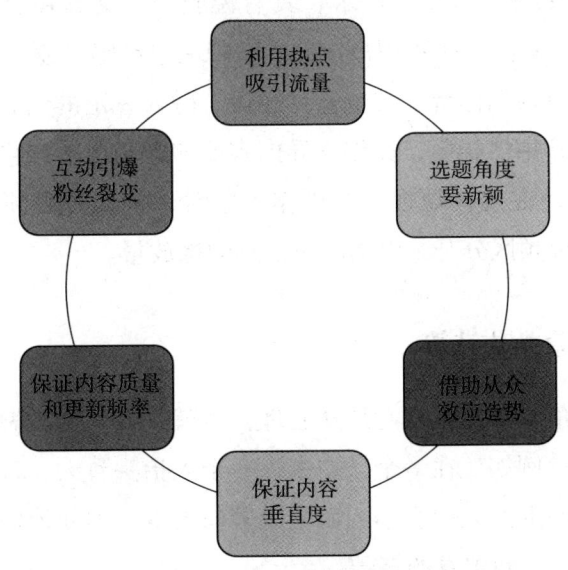

图1-7 短视频内容运营技巧

◆ **利用热点吸引流量**

蹭热点是帮助短视频上热门的一个有效方法。热点自带流量，可以在无形中吸引大量关注。如果短视频可以和热点相结合，发布之后就能获得平台更多推荐。以抖音为例，抖音有一个热点话题榜，如果短视频能进入这个榜单，就能获得平台的流量倾斜。这里的热点不局限于热点新闻，可以是网络上的热点话题或热点事件等。

◆ 选题角度要新颖

随着短视频平台的用户越来越多，在UGC（User Generated Content，用户生产内容）和PGC（Professionally Generated Content，专业生产内容）的共同作用下，短视频平台上的内容呈现严重的同质化现象。与这类选题相似的内容很难引起用户关注。为了解决这一问题，短视频创作者必须发散思维，选择一个既符合用户需求，具有说服力，又新颖有趣的选题。为此，短视频创作者必须明确用户定位，发现用户最感兴趣的内容类型。

另外，短视频创作者要结合自身经历，融入一定的创意对内容进行创造。原创与立异相伴相生，原创立异内容能够吸引更多用户关注，获得更多推荐。所以，在选择短视频的创作主题时，创作者必须融入一定的创意，与同类短视频区分开，以提高短视频的播放量。

◆ 借助从众效应造势

从心理学角度看，人都有从众心理，也就是看到别人做什么就会不由自主地跟着做。例如，在一个公园中，一个人抬头看天，且长时间保持这个姿势不动，周围的人就会不约而同地看向天空，即便他们没有在天空中发现任何值得长时间观看的奇景。

如果短视频运营可以激发从众效应，其结果可想而知。从众效应的激发必须学会造势，造的势越大，从众效应就越强。造势的逻辑是先提高人们对某件事情的关注度，在关注度达到一定程度后，再通过做这件事引发从众效应。从本质上看，从众效应利用的是人们的好奇心。随着人们对某件事的期待不断提高,对这件事的好奇心也就越来越强。在好奇心的驱使下,人们会不由自主地做出同一个动作,如观看短视频、关注账号等。

◆保证内容垂直度

在创作内容之前,短视频创作者往往会选择一个垂直领域,如美食、美妆、服装、动漫等。保证内容的垂直度指的就是保证发布的内容与选择的领域属于同一个方向,而且持续输出的内容也隶属于这个方向。例如,短视频创作者选择美食领域,就要一直生产与美食有关的短视频,这就是保证内容的垂直度。这么做有两大好处:一是可以持续创作具有吸引力的内容;二是可以提高账号权重,维持粉丝黏性。

需要注意的是,内容垂直度不仅体现在内容层面,还体现在输出方式上。例如,短视频创作者一开始选择了短视频这种形式,就要一直保持下去,不能中途转换图文,以免让粉丝产生不适感。

◆保证内容质量和更新频率

对于短视频运营来说,内容是重中之重。如果内容质量不高,画质不好,字幕错字频出,背景音乐不和谐,就会严重影响用户的观看体验,导致用户跳出率极高。因此,短视频制作必须注意这些细节,保证内容质量,提高内容的竞争性。除此之外,短视频创作者还要保证内容更新频率,切忌出现断更或停更等情况,以免影响账号权重,导致粉丝流失。

◆互动引爆粉丝裂变

短视频账号积聚了一定规模的粉丝之后,如果长时间没有新人进入,就说明没有做好粉丝运营。如果短视频账号已经发布了一定数量的短视频,拥有一个稳定的粉丝基础之后,一定要关注短视频下方的评论区,查看粉丝评论,及时回复,增强与粉丝的互动。

短视频运营人员必须维护好与高忠诚度粉丝的关系，引导这些粉丝主动宣传，将短视频账号推荐给他的亲朋好友，从而吸引更多新人关注账号。在此基础上，如果短视频账号可以持续稳定地输出内容，就能将这部分新人转化为高忠诚度的粉丝，使粉丝规模不断壮大。

短视频用户运营实战攻略

短视频作为一种典型的内容产品，用户运营非常关键。在同质化竞争愈发激烈的短视频市场中，运营人员应该如何做好短视频账号的用户运营呢？

◆ 何谓用户运营

用户运营涵盖了所有围绕用户进行的人工干预工作，主要包括拉新、留存、促活、转化4大内容，如图1-8所示。

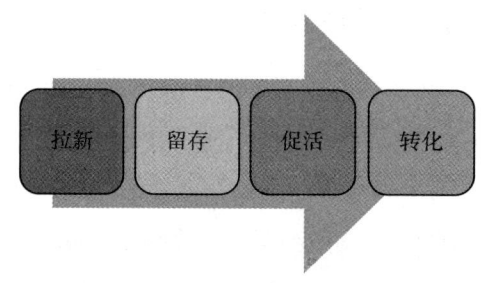

图1-8 用户运营的4大内容

- 拉新。吸引新用户，使用户达到一定规模，这是用户运营的重要基础和前提，也是运营人员应该具备的一项基本技能。用户需求是动态变化的，想要长期吸引新用户，运营人员必须不断地对内容进行创新。
- 留存。沉淀忠实用户，避免用户大规模流失。如果用户留存环节出现问题，即便运营人员能够不断吸引新用户，也很难创造实际价值。
- 促活。提高用户活跃度，增强用户黏性，让用户与其他用户及运营人员开展积极的互动交流。

● 转化。通过各种方式完成变现,如广告、内容付费、电商等,这是用户运营的终极目标。

对于短视频账号来说,只有用户达到一定的规模,变现才具备足够的空间,扩大用户规模正是拉新和留存的意义所在。促活则是让用户成为忠实粉丝,对运营人员形成信任关系。只有做好短视频账号用户促活,才能完成用户转化。

在不同的运营阶段,短视频账号的利益诉求存在明显差异,运营侧重点也应该有所不同。下面,我们从短视频账号运营的初始期、成长期和成熟期3个阶段,对用户运营进行具体分析。

◆ 初始期

初始期,短视频账号的用户运营重点是拉新,为账号培养一批核心种子用户。从这一角度来看,运营人员的具体工作主要包括目标用户定位、筛选,提高用户忠实度等。短视频账号拉新的3种方式如图1-9所示。

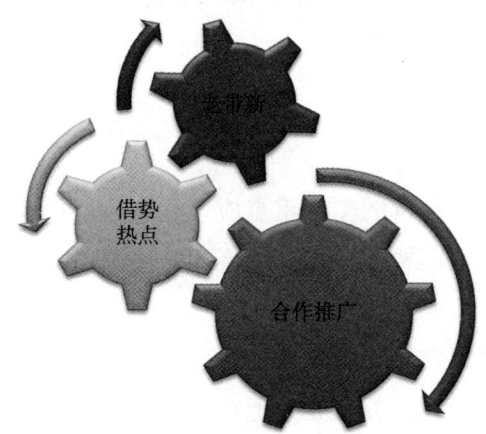

图1-9 短视频拉新的3种方式

- 老带新。老带新在各行业的用户拉新中被广泛采用,利用的是人与人的信任关系,通过鼓励、引导现有用户将其社交圈内的亲朋好友拉进来,获得源源不断的新用户。这种拉新方式比硬性推广有效得多。

- 借势热点。借势热点可以有效降低运营成本,而且能够利用人们对热点的关注,获得较高的流量。以抖音企业号运营为例,运营人员可以参与官方推出的热门挑战赛,结合相应的算法推荐机制创作符合用户需求、与平台特性相一致的内容,从而引起用户广泛关注。

- 合作推广。与达人、明星合作,利用其对粉丝的强大影响力为账号带来大量用户。需要注意的是,一批新用户关注账号后,不可避免地会出现部分用户流失问题,因为很多用户可能发现账号提供的内容无法满足其实际需求,就会果断离开。

当然,避免用户流失,尽可能地留住更多用户是运营人员的重要工作。为此,运营人员必须利用平台与第三方提供的数据工具对用户进行分析,得到用户的精准画像,然后根据用户画像对内容进行优化调整,满足用户对内容的需求。在确保内容符合用户需求的同时,还应该让内容具有一定的特色,这样才能和其他账号实现差异化,在用户心中留下深刻印象,将用户转化为忠实粉丝。

◆ 成长期

在成长期,用户运营的工作重点应该是保障用户规模稳定增长,并提高用户的活跃度。这需要运营人员拓展用户来源,对内容质量进行严格把控等。

在拓展用户来源方面,运营人员可以采用两种方式:一是丰富内容分发渠道,如将短视频内容分享到其他短视频平台;二是建立内容矩阵,使多个不同账号相互引流,推动用户持续增长。

在严格把控内容质量方面，所有运营人员都应该认识到，确保内容具有较高的质量是提高用户留存率的重要基础。为此，运营人员必须对短视频作品进行精雕细琢，搜集用户反馈意见，对短视频作品细节进行不断完善。那么，运营人员如何通过精细化的内容运营提升用户的活跃度呢？

● 在内容中添加容易让用户参与的话题，增强内容的互动性。这在丰富内容本身的同时，有助于让用户获得参与感，对内容留下深刻印象。

● 开展各种活动，如为节假日策划好玩有趣的活动，通过抽奖、赠送小礼品等方式提高用户参与的积极性。诸多实践证明，优秀的活动不仅可以显著提高用户的活跃度，还能激发用户主动传播，为账号带来大量新用户。

● 社群运营。利用贴吧、QQ群、微信群等对用户进行社群化运营，在与用户日常沟通交流的过程中逐渐建立信任关系。而且，社群还能帮助运营人员搜集用户意见和建议，逐步提高运营者的运营能力。

◆ 成熟期

成熟期是短视频账号进行变现的重要阶段，短视频的变现方式有很多。在这一阶段，用户运营的重点是将用户转化成消费者，并刺激其重复购买。当然，为了实现利益最大化，运营人员要分析用户对短视频账号变现的反应，尽可能地避免用户产生抵触情绪。

以用户反感的形式进行商业变现，很容易造成用户大规模流失，这是运营人员需要特别注意的问题。那么，运营人员如何才能精准了解用户对短视频账号变现的反应呢？以广告植入变现为例，当运营人员分享了带有某种产品或品牌的短视频内容之后，需要分析内容评论、点赞等数据，了解用户对短视频内容做出的一系列反应。借助部分数据分析平台提供的舆情分析工具，运营人员可以更方便地获取这类信息。

第 3 章
商业变现：短视频创业的盈利模式

盈利模式1：广告变现

在短视频各种变现模式中，广告变现是最简单直接、效益最好的一种模式。以papi酱为例，papi酱的短视频中隐藏着很多广告，如短视频开头或结尾的贴片广告，隐藏着商品信息或品牌信息的软广告以及显露在视频边角的浮窗广告等，广告是其最主要的变现渠道。

◆ 短视频广告的3种类型

短视频广告有3种最常见的类型，分别是冠名广告、贴片广告和植入广告，如图1-10所示。

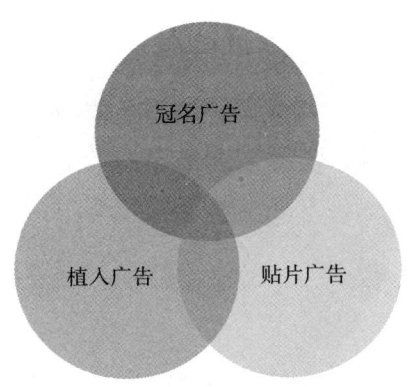

图1-10 短视频广告的3种类型

（1）冠名广告。冠名广告指的是在节目或活动前加上赞助商或广告主名称的广告，其目的在于进行品牌宣传，扩大品牌的影响力。如短视频账号在片头或者片尾说明"本条短视频由某品牌冠名或赞助"，以加深受众对品牌的印象。一般情况下，冠名广告的费用比较高。

（2）贴片广告。贴片广告是为品牌专门制作的一种广告，经常出现在短视频的片头或片尾，广告到达率比较高，收费比较低。缺点在于广告内容与短视频内容的关联性不强，甚至格格不入，会在一定程度上给用户的观看体验造成不良影响。

（3）植入广告。植入广告会将品牌信息与短视频内容融合在一起，让受众在观看短视频的过程中不知不觉地接受品牌信息，对品牌形成深刻记忆。相对于冠名广告与贴片广告来说，植入广告不太生硬，用户的接受度比较高。

◆植入广告的3种方式

为提高用户对广告内容的接受度，保证广告变现效果，短视频创作者最好选择植入广告，在植入产品信息时可以采取3种方式，如图1-11所示。

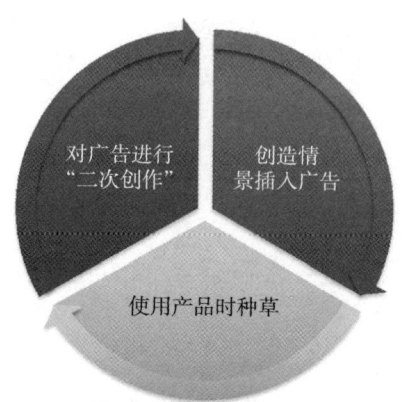

图1-11　植入广告的3种方式

（1）创造情景插入广告。目前，创造情景插入广告是短视频广告植入最常用的方式。一般来说，每个短视频都有一个特定的主题，虽然短视频的时长只有十几秒，最长不过几十秒，但在前半部分，短视频创作者会阐述主题内容，后半部分巧妙转换，创造情景进行铺陈渲染，将广告信息自然而然地显露出来，在维护短视频原有调性的基础上达到信息传播与推广的目的。

例如，某短视频的标题是"教你做一碗鲜香麻辣的藤椒鸡面"，前半部分讲述藤椒鸡面的做法，最后发布某藤椒鸡面的广告。看完短视频之后，即便有些用户会恍然大悟，认识到这是一则广告，也不会心生厌恶，还有可能主动购买体验。

（2）使用产品时种草。在使用产品的过程中向受众传达产品信息，这是美食类和美妆类KOL最常用的广告植入方式。

例如，某美妆达人制作了一条短视频，教粉丝如何画眼妆，一边画一边向受众展示自己使用的产品，并详细说明使用体验，通过这种方式完成产品信息的传达，激发受众的购买欲望。抖音、快手等短视频平台上的达人用这种方式打造了很多爆款产品，如完美日记的口红、稚优泉的眼影等，转化变现效果超乎想象。

（3）对广告进行"二次创作"。短视频平台的KOL根据自己短视频的特点，对品牌现有的广告进行二次创作，促使品牌广告在短视频平台实现更广泛的传播，这种方式就是对广告进行"二次创作"。

以短视频原创博主"吟游诗人基德"为荣耀30制作的短视频为例，这条短视频的主旨在于向用户介绍荣耀30摄像头的优点，但在短视频的前半部分，博主深入浅出地讲解了人眼的缺陷以及自然界中各类动物眼球的优点，最后引出如果将这些动物眼球的优点集成在一起，那就是荣耀30，然后讲述荣耀30摄像头的特别之处，获得了大批粉丝的赞赏。

总而言之，短视频创作者要想通过广告变现，必须充分考虑品牌信息与短视频内容的契合点，广告植入最好做到"润物细无声"，以保证用户的接受度及广告传播效果。

盈利模式2：知识付费

相较于广告、电商等变现方式来说，知识付费有一些独有的优势，例如，付费用户群体稳定，多为优质用户，可以为短视频创作者带来稳定的收入；用户留存率更高，黏性更强；可以形成正向循环，刺激短视频创作者创作更多优质内容，构建一个健康的互联网内容生态。既然知识付费有这么多优点，那么短视频创作者如何利用知识付费完成变现呢？

◆ 知识付费的2大主流模式

目前,"短视频+知识付费"有2种主流玩法:一是通过生产PGC内容变现;二是通过问答社区变现。知识付费的2大主流模式如图1-12所示。

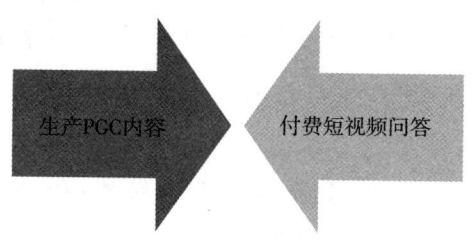

图1-12　知识付费的2大主流模式

(1) 生产PGC内容。

PGC指的是专业生产内容,凭借超强的专业性吸引用户付费购买。这种知识付费模式非常适合行业领袖、专家、学者使用。但知识类短视频在转化变现之前都要经过一个用户养成阶段,从吸引用户到培养用户的付费习惯,短视频创作者必须保持足够的耐心。

以文史类短视频平台"看鉴"为例,该平台于2015年上线,2017年才推出付费专辑,中间利用两年时间进行用户培养。据统计,"看鉴"App已推出35个付费专辑,累计售出66万份。近两年,为了丰富平台内容,"看鉴"App邀请了很多行业KOL入驻,如李子柒、MakerBeta超能技术宅等。通过这些内容生产者相互引流、借势,培养更多付费用户。

(2) 付费短视频问答。

付费短视频问答模式非常简单,用户用文字提问,回答者录制短视频回答问题,提问者和回答者可以获得分成。从本质上看,付费短视频问答变现就是智力变现。为了提高社区的活跃度,激发提问者、回答者参与问答的积极性，平台会提前邀请一些行业KOL入驻，让其带动问答氛围。

◆ **知识付费的3大注意事项**

对于用户来说，知识付费满足的不仅是知识需求，还有心理需求。无论短视频创作者采用哪种知识付费模式进行变现，都要注意3大问题，如图1-13所示。

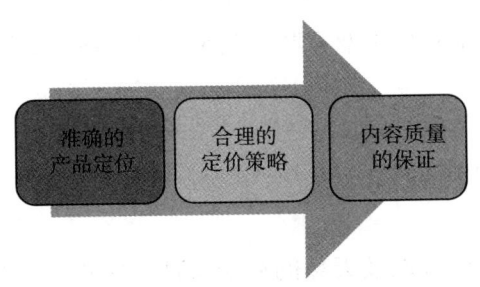

图1-13 知识付费的3大注意事项

（1）准确的产品定位。

短视频创作者要想打造一套知识付费课程，必须做好产品定位。目前，已知的知识付费课程类型包括个人成长、人文历史、商业财经、亲子儿童、外语尖货、情感生活、音乐人生、传统艺术等，其中个人成长与人文历史等课程的销售情况比较好。也就是说，在线上付费课程领域，深层体系化的课程更受欢迎。当然，短视频创作者不必一味地迎合趋势，要根据自己的特长进行定位，将自己的优势转化为生产力，完成知识变现。

（2）合理的定价策略。

价格直接决定着课程的销售额。短视频创作者必须根据目标用户定位、产品价值及课程内容的长短来确定课程价格。例如，面向初级付费用户，课程定价可以低一些，59~199元；面向高级付费用户，课程定价可以高一些，299元、399元、599元等，让用户觉得物有所值。

（3）内容质量的保证。

课程内容质量直接影响着用户评价，决定着能否实现二次传播。为此，短视频创作者必须保证课程质量，提高课程内容的专业性与实用性，让用户学有所获，帮助用户解决实际问题，以形成良好的口碑，提高内容产品的复购率。

除此之外，短视频创作者还要做好产品选择，是选择喜马拉雅、得到、知乎Live、分答等平台型产品，还是选择短书、微开讲等工具型产品。只有选好产品，才能将供求双方联系起来，更好地完成知识变现。

盈利模式3：电商变现

凭借多元化的内容以及天然的社交属性，短视频平台成为新的流量洼地。据艾媒咨询发布的数据，截至2019年，中国短视频行业的用户数量达到了6.3亿，并将于2020年达到10亿。这个庞大的流量池给短视频与电商的结合带来了广阔的想象空间。

"短视频+电商"并非风口，只有深度融合达人与粉丝之间的利益关系，让粉丝摆脱消费者这个单一的角色，才能真正激活高质量内容生产，让消费者享受到更优质的购物体验，让社会大众享受到"短视频+电商"的红利。

◆ "短视频+电商"的优势

随着抖音、快手等短视频平台接入电商服务，电商成为短视频变现的重要渠道。相较于传统的软文卖货来说，短视频电商有哪些独特优势呢？具体如图1-14所示。

Part 1 短视频引流
第3章 商业变现：短视频创业的盈利模式

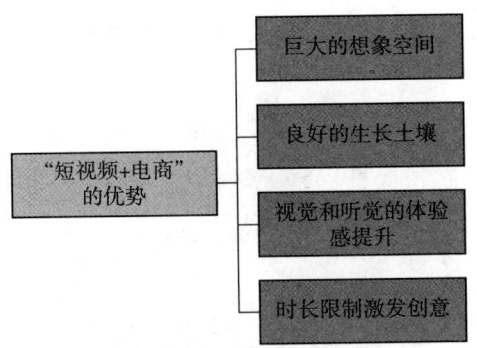

图1-14 "短视频+电商"的优势

（1）巨大的想象空间。短视频符合互联网用户的触媒习惯，在内容与功能方面拥有广阔的想象空间。例如，在内容方面，短视频电商不仅可以发布产品信息，还能宣传品牌故事，增进消费者对品牌及产品的认知。

（2）良好的生长土壤。各大互联网平台在产品功能、用户群体、短视频内嵌需求等方面存在巨大差异，给"短视频+电商"提供了不同的滋生土壤。任何行业想在"短视频+电商"领域布局，就必须创新玩法，由此促进了传统形态创新与多种业态的融合。

（3）视觉和听觉的体验感提升。短视频电商借助声音、图像将产品、品牌直观地展现在消费者面前，可以增强情感传递，引发消费者的强烈共鸣。以某款有机水果为例，在展现水果天然有机这一特点方面，短视频比图文更有说服力。

（4）时长限制激发创意。短视频的特点就是短小精悍，要想在十几秒、几十秒的时间里引起用户的兴趣，短视频的节奏必须快。在拍摄短视频之前，创作者必须将产品卖点提炼出来，反复强调，给用户留下深刻印象。

◆ "短视频+电商"的3大模式

短视频电商变现就是通过短视频向用户推介产品，引导用户前往电商平台购买，从而完成引流变现，引流效果在很大程度上取决于短视频

33

的质量。"短视频+电商"的3大模式如图1-15所示。

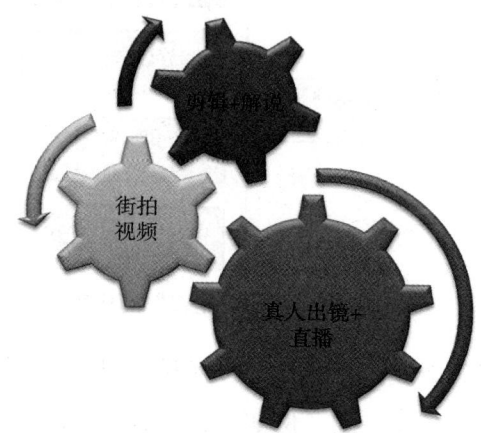

图1-15 "短视频+电商"的3大模式

（1）剪辑+解说。短视频创作者从网上搜集素材，进行二次加工剪辑、配音解说，形成自己的作品。然后将淘宝商家加入其中，分发到各个平台赚取佣金。这种模式操作简单，对短视频创作者的技能要求不高，一个人可以同时运营2～3个账号，收益可观。

（2）街拍视频。街拍视频多用于服装、鞋子等产品。聘请一位时装模特，在街头巷尾选择一个景色绝佳的地点，请模特展示产品，将展示过程拍摄下来制作成短视频，分发到短视频平台。只要做好包装，架构好供应链，打造一款销量上万的爆款产品不是难题。

（3）真人出镜+直播。这种模式对主播的素质要求较高，要求主播具有较强的表现力，可以精准锁定产品卖点，并以生动的方式将产品卖点展现出来，激发受众的购买冲动。另外，真人出境IP账号的打造成本较高，但随着粉丝规模不断壮大，变现渠道也会不断拓展。

总而言之，随着平台分成、广告变现的难度越来越大，电商会成为短视频变现的主流渠道。短视频+电商，两大流量池的联合必将创造出意想不到的效果。

盈利模式4：直播带货

随着直播快速崛起，抖音、快手等短视频平台相继开启直播功能，快手放开了直播权限，允许符合条件的用户开通直播功能；抖音则与工会合作，发布了主播招募计划。虽然都在布局直播，尝试打通直播变现渠道，但两大平台的方向截然不同，快手依然走"亲民"路线，鼓励用户以直播的方式记录生活、分享生活；抖音却坚持维持高门槛，无才艺不直播。无论两大平台的战略如何，其目的只有一个，就是拓展用户群体，完成流量变现。

作为一种新兴的网络社交方式，直播在引流变现方面的表现异常突出。据统计，2019年，抖音平台直播电商在线交易额400亿元，快手平台直播电商在线交易额达到了1500亿元。受新冠肺炎疫情的影响，湖北地区的经济几近停滞。随着疫情逐步得到控制，湖北地区相继解封，经济开始复苏。2020年4月12日，央视新闻联合快手发起"谢谢你为湖北拼单"活动，通过直播的方式推销湖北特产，欧阳夏丹、王祖蓝、郑爽、蔡明等明星相继上线带货。在这场2小时的直播活动中，明星嘉宾与66位快手达人共帮助湖北地区商家成交6100万元，直播变现能力之强可见一斑。

虽然直播的变现能力很强，但在开展直播变现时要注意以下几个问题，如图1-16所示。

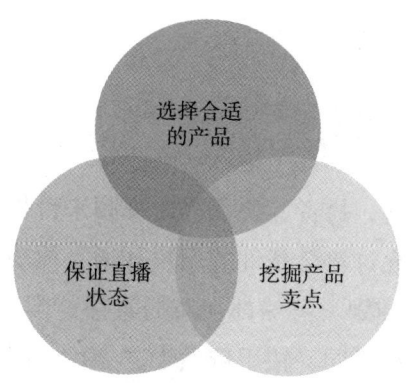

图1-16 直播变现的注意事项

◆ 选择合适的产品

平台不同,直播变现的效果也不同。例如,在淘宝平台,最热门的直播品类是服装、美妆、母婴、零食和珠宝;在快手平台,最热门的直播品类是低毛利率、去库存的商品;在抖音平台,最热门的是美妆产品。所以,要想通过直播变现,品牌或主播必须根据自己所在的平台选择合适的产品,而且必须保证产品质量。

例如,在湖北公益直播活动中,推销的11款产品绝大多数是食品,热干面、小龙虾、锅巴等。为了聚焦目标用户群体,让这场直播发挥出最大的作用,央视新闻选择了"亲民"的快手平台进行直播,结果不负众望。这就告诉我们,如果产品固定,就要根据目标用户群体选择合适的平台,保证转化效果。

◆ 挖掘产品卖点

在直播带货的过程中,要想打动屏幕前的用户,主播必须全面挖掘产品卖点，通过"语言+真人演示"让用户全方位了解产品。例如，在直播销售行李箱时，为了凸显行李箱结实耐用这一特性，主播可以站到行李箱上来回踩踏，获得屏幕前消费者的信任。在直播过程中，这种有趣的互动不仅可以清晰地展示产品卖点，还能延长用户的停留时间。停留时间越长，成交的概率就越高。

◆ 保证直播状态

在直播带货的过程中，主播的精神状态直接影响着用户的购买意愿。如果主播精神抖擞，用户也会随之亢奋，提高下单购买的积极性。反之，如果主播精神萎靡，用户就会相继离开，无法成交变现。为此，主播在上线直播之前必须调整好自己的状态，通过服装搭配及妆容向用户展现一个良好的精神面貌，以刺激用户的神经，让他们保持购买冲动。

总而言之，随着直播成为一种新的变现渠道，短视频内容创作者要主动顺应这种趋势，积极向主播转化，不断提升自己的能力，对接更多资源，完成流量转化与变现。

盈利模式5：平台分成

对于短视频来说，平台分成与补贴是一种非常重要的变现方式。不同的平台推出了不同的策略，例如，腾讯推出芒种计划，为优质账号提供资金扶持；今日头条推出"千人万元"的保底计划；阿里大鱼号每个月提供1万元现金用来对内容生产者进行定额奖金激励等。在国外，全球最大的视频平台YouTube也有类似的政策，如果Up主同意YouTube在视频前插播广告，就能获得55%的广告费用。

具体来看，短视频平台为内容创作者提供了3种分成方式，如图1-17所示。

图1-17　短视频平台分成模式

◆平台补贴

为了鼓励内容创作者创作更多优质短视频,很多短视频平台都推出了平台补贴计划,例如,微视推出微视达人招募计划,阿里大鱼号推出基础创作奖金、短视频专项奖金等,这些都是面向优质原创内容创作者的资金扶持计划。

以大鱼号为例,大鱼号累计拿出20亿元现金赋能自媒体,设立专项短视频创作奖1000名,奖金1万元。也就是说,如果短视频创作者能够在当月表现评比中位列前1000名,就有可能获得1万元的现金奖励。

当然,各个平台的补贴政策不同,但有一点相同,短视频创作者要想获得平台补贴,必须提高内容质量,创作优质原创短视频。

◆平台打赏

打赏机制在平台补贴之外为内容创作者开通了一条新的变现渠道。平台打赏的逻辑非常简单,平台将创作者生产的短视频展现在用户面前,如果用户对某条短视频非常感兴趣,就可以打赏,鼓励短视频创作者创作更多内容。

以火山小视频为例,在现有的短视频平台中,火山小视频最早推出打赏功能,其目的有两个:第一,让腰部以上创作者凭借自己的才能获得体面的收入；第二，从技能层面帮助创作者更好地表达。且不论打赏功能的最终效果如何，火山小视频的这一举动带动其他短视频平台相继推出打赏功能，创新变现形式，养活了更多中长尾创作者。

◆ 平台奖励

为了鼓励内容创作者创作更多优质短视频，一些短视频平台会不定期举办创作活动。

以抖音为例，抖音曾推出一个活动——"秀美邕江"抖音大赛，邀请用户以"秀美邕江"为主题拍摄原创短视频，选出一等奖1名，奖金1000元；二等奖2名，奖金500元；三等奖3名，奖金200元；入围奖4名，奖励龙门水都景区套票1张。推出有奖短视频创作活动的平台还有很多，内容创作者可以根据自己的运营方向选择合适的平台与活动，参赛赢取奖金。

需要注意的是，无论平台补贴、平台打赏还是平台奖励，其目的都是培养、留住优质的内容创作者，形成良好的内容生态，搭建内容消费闭环，培养用户的消费习惯，获得商业资源扶持。所以，内容创作者要想通过平台分成变现，必须不断提升自己的内容创作能力，持续不断地创作优质短视频，积累粉丝，提高粉丝忠诚度，搭建自己的变现渠道。

Part 2

直播引流

第 4 章

超级IP：网红主播的自我修炼指南

直播设备的选择技巧

近年来，随着主播行业的不断发展，主播之间的竞争日益激烈，各大主播为了吸引粉丝各展所能。对于主播来说，想要在这场没有硝烟的战争中获胜，一套专业的直播设备必不可少。专业的设备可以给粉丝带来更优质的观看体验，是主播吸引粉丝的"利器"。那么，网络直播需要哪些设备呢？如图2-1所示。

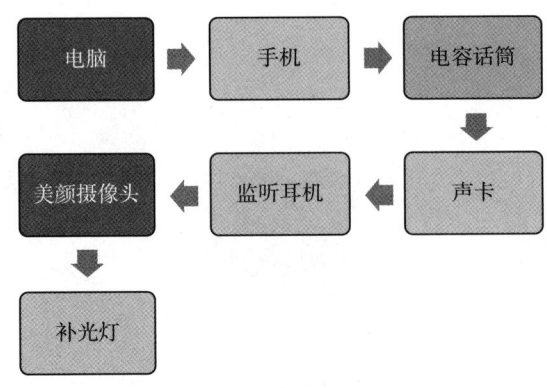

图2-1 直播设备的选择

◆ 电脑

现阶段，电脑已经基本实现了普及，但不是所有电脑都适合开展直播。主播在为直播事业添置新电脑时，需要根据自身条件尽量选择配置高的电脑，电脑的主板不能低于i5系列，理想的配置是i7系列。当然，电脑的配置越高，价格也越高，所以新手主播应该根据自己的经济条件进行最优化选择。

◆ 手机

手机直播是主流的直播方式之一，要进行手机直播首先需要一部适合直播的手机。一般来说，直播手机必须要具备三个特点：一是内存充足；二是摄像头像素高；三是性能稳定。除手机外，需要筹备的直播设备还包括麦克风、声卡、手机支架、补光灯等。手机直播要达到良好的效果，必须保障手机设备的稳定性和清晰度，主播选择手机时必须注意这两点。

◆ 电容话筒

现场直播，特别是主播进行网络K歌时对声音的要求非常高，而普通的电脑语音麦克风灵敏度低、音质效果差，而且还具有一定的延迟，所以这类语音麦克风并不适合直播使用。主播应该尽量购买优质的电容式麦克风用于直播，因为电容式麦克风配有多种拾音器，将其与吊架搭配使用既"酷炫"，又不会挡住观众的视线。经济条件较好的主播可以选择一些进口产品。另外，尽量选择大振膜的麦克风，这类麦克风的音质更好。

◆ 声卡

独立声卡拥有独立的音频解码，这种音频解码可以极大地提高集成声卡的音质。对于经常在线K歌或喜欢制作音乐的主播来说，配备独立声卡非常重要。外部声卡的连接非常方便，无论使用笔记本电脑还是台式电脑都可以使用USB接口连接外部声卡。

相比于外置声卡，内置声卡的传输更专业，使用的供电接口可以是PCI或PCI-E。但是，外置声卡的防电磁干扰能力更强，音质更好，可以通过USB接口访问，使用起来更加方便。

◆ 降噪耳机

直播期间开启多种功能很容易形成电磁干扰，进而产生噪声，与此同时，外界的其他声音也会对直播产生干扰。为了屏蔽噪声，主播可以选用降噪耳机进行直播。由于降噪耳机具有良好的密封性，可以根据需要调节低、中、高三个档位，有效隔离外部噪声，使直播效果达到最佳。

◆ 美颜摄像头

对主播来说，拥有一个优质的美颜摄像头可以极大地改善自己在屏幕上的形象。性能良好的摄像头可以使主播更漂亮、更迷人，从而达到更好的直播效果。在选择摄像头时，主播需要关注四大事项：第一，操作是否方便，最好选择不需要调试就能直接使用的摄像头；第二，功能是否强大，是否拥有美白、嫩肤、瘦脸、塑身等不同的美颜效果；第三，画质如何，主播最好选择画质细腻饱满、色彩鲜艳自然的摄像头；第四，价格是否可以承受，主播在选择摄像头时必须考虑自己的经济承受能力，选择一款价格适中的摄像头。

◆补光灯

补光在塑颜美容方面有着极其重要的作用，所以对于追求极致美颜的主播来说，补光灯是必不可少的设备。补光灯可以增加脸部采光，提高主播的颜值，为直播塑造优质的画面。但想要让补光灯发挥出应有的作用，主播还必须具备根据光线进行合理调整的能力。

一定数量的优质设备可以为直播提供良好的支持。在开始直播之前，主播应该根据自身的经济条件尽可能地筹备直播设备，让直播达到更好的效果，从而吸引更多粉丝。

直播间装扮布置技巧

直播间的布置对直播来说至关重要。粉丝进入主播直播间之后，第一眼看到的景象如果能令他们感到舒适或震撼就会选择继续观看。那么，主播如何布置直播间才能吸引粉丝呢？直播间装扮布置技巧如图2-2所示。

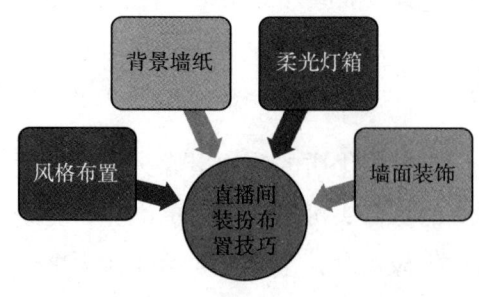

图2-2 直播间装扮布置技巧

◆风格布置

直播间布置成什么样子，首先要看主播喜欢什么风格。直播间布置可以选择的风格多种多样，如美式、欧式、韩式、中式、地中海式、古典式、现代式等。直播间布置要注重细节，有时候某个不起眼的角落的精巧设计就可以赢得粉丝的好感。直播间可以适当添置一些绿植，这样不仅可以减少辐射、产生氧气，同时还能制造清新的氛围。主播也可以将家乡的特色物件展示出来，以形成自己的特色风格。

◆背景墙纸

直播间的背景墙不宜是单调的白色，也不宜是脏兮兮的瓷砖，以免显得单调、脏乱，导致粉丝失去持续观看的兴趣。

主播可以用干净、明亮、可爱的墙纸来装饰直播间，如选择适合直播间主题的墙纸来装扮背景墙，突出直播间的风格，让观众感到赏心悦目。主播可以根据自己的喜好和所要展现的主题来选择墙纸，切忌选择过于个性或花哨的墙纸，以免降低自身气质，影响粉丝观感。

◆柔光灯箱

柔光灯箱通常是摄影工作室用来补光的灯具。如果因为装修原因，直播间光线较暗，或者到了晚上光线不足，主播可以使用这一设备进行补光。一般来说，两盏柔光灯箱足以满足直播补光的需要。由于柔光灯箱灯光是白色的，光线柔和、内敛，不会像台灯灯光那样刺眼，所以不会造成直播镜头曝光。

◆墙面装饰

直播间墙面装饰可以使用两种方法：一是悬挂装饰画；二是张贴海报。

（1）悬挂装饰画。主播可以根据直播间的风格选择一些装饰画，按照一定的顺序将其悬挂在背景墙上。悬挂装饰画时，主播要打开摄像头，确定装饰画的悬挂高度。如果装饰画尺寸比较大或者数量比较多，可以适当移动镜头，露出其中的一部分即可。装饰画排列可以选择轴对称法，以一个水平中心线使四周对称，让整个画面显得更加和谐。

（2）张贴海报。背景墙装饰最简单的方法就是张贴海报。主播可以购买一些与直播间风格相符的海报，或者在日常看杂志的过程中可以将一些好看的图片剪下来，随意地张贴在背景墙上，让直播间呈现独有的风格。

直播间灯光运用技巧

灯光布置也是直播间布置中重要的一环。合理调控灯光的角度、颜色、强度等可以让主播在镜头前更加迷人，好的灯光效果有时可以媲美摄像头的美颜功能，让主播的状态看起来更好。直播间常见的灯光如图2-3所示。

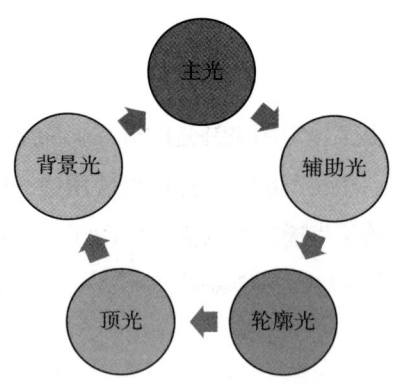

图2-3　直播间常见的灯光

◆ 主光

主光是整个直播间的基调光,也称"造型光",主光布置在直播间灯光布置中占主导地位。主光通常是正面照射主播的光,它能起到磨皮美容的效果,使主播的脸部看起来更加柔和、自然,这种光决定着整个直播间的基调。

◆ 辅助光

相对于主光源来说,辅助光是针对主光线下的阴影部分照明而用的光。一般来说,辅助光的亮度应该为主光亮度的1/10~1/2。也可以将辅助光称为副光或补助光。直播时,主播需要将辅助光呈90°打在自己左右侧面。左侧45°照射的辅助光可以制造面部轮廓阴影,使主播的形象更具立体质感。需要特别注意的是,不能将辅助光调得太亮,否则可能使面部过度曝光。

◆ 轮廓光

直播中,对着摄像机照射的光线称为轮廓光,这种光能产生逆光效果。直播过程中,主体和背景可能存在影调重叠的情况,这时,主体较暗,背景也较暗,很难区分层次。而轮廓光可以勾勒被拍摄对象的轮廓,起到分离主体和背景的作用。在调试照明的过程中,为了丰富画面的影调层次,增加画面的美感,人们经常将轮廓光与主光、辅助光配合使用。轮廓光可以使主播与直播背景相分离,变得轮廓分明、主体突出。

◆ 顶光

顶光是与照相机呈90°,从主播顶部垂直照射下来的光线。顶光照射有利于主播轮廓造型的塑造，可以产生浓重的投影感，自上而下起到瘦脸作用。但是，一定不能让顶光光源的位置偏离主播头顶2米之外，否则就会在主播的眼睛和鼻子下方形成阴影，影响直播效果。

◆背景光

背景光有多重称呼，根据不同的节目或场景可以称为"环境光""天幕光""气氛光"等。背景光是投射在被摄对象周围环境和背景上的光线，主播可以用它来调整直播间的背景影调，增强节目气氛。主播在直播时如果发现背景较暗，就可以使用背景光来均匀室内光线，让直播间的背景更加完美。

主播妆容搭配的技巧

精致的妆容有助于主播在粉丝面前树立良好的形象，为直播带来意想不到的效果。所以，主播要高度重视自己的妆容，并通过不断学习化妆技巧来美化自我形象。那么，主播如何塑造完美妆容呢？

◆主播化妆技巧

（1）底妆。粉色系底妆可以增强肌肤的透明感，让主播看起来更加年轻貌美。在打上粉色底妆后，主播要在脸上适当擦拭粉底液，然后用遮瑕膏隐藏脸部不完美的地方，如痘痘、粉刺和雀斑等。最后，主播需要用化妆刷在脸上刷一层散粉，去除多余的粉底液，让粉底看起来更均匀，并形成一定的光泽感。

（2）眉笔。主播可以打造一款"加藤绫子式"的直眉来吸引粉丝，具体做法是用眉粉将眉毛晕染开，让眉头与眼角稍微隔开，眉尾比眼尾略长一些。

（3）眼影。眼影的风格也很重要。主播可以选择不同的眼影来增加眼部的层次，例如将凉茶色和香槟色的眼影轻轻涂于眼窝处，以掩盖眼睑处的阴影，然后涂上一层稍浓的茶色眼影来增加层次感。

（4）眼线。用黑色眼线笔描绘眼珠部分的眼线时需要稍微加粗，描绘眼角处的眼线时要向下延伸，打造可爱的下垂眼。要想眉目显得温柔多情，可以不画下眼线。

（5）眼睑。主播想要打造"加藤绫子式"眼睑，可以用刷子轻轻涂上米黄色系的眼影，让眼睑显得自然、温柔。

（6）睫毛膏。将睫毛膏涂在上、下睫毛处，也可以在上睫毛处粘上假睫毛，并涂刷睫毛膏。

（7）唇膏。用口红轻轻涂抹整个上唇，然后在下唇中央适当涂上一点。如果女主播的嘴角有向下倾向，可以先用唇线笔在嘴角处添上2毫米左右，再涂上口红。

（8）腮红。主播可以用适合自己肤色的腮红粉在颧骨处画圆，形成淡淡的腮红。

◆韩国咬唇妆的画法

技巧一：咬唇妆的互补色搭配更显艳丽，也更显个性，如红色与橘色、红色与粉色、橘色与粉色等。

技巧二：珠光亮彩类口红不能与一般口红混合，否则会消减其特殊的视觉效果。可以先涂上一般口红，然后再涂上具有特殊质感的珠光亮彩类口红，为双唇增添层次感。

技巧三：如果没有唇刷，又想将深浅不同的口红混合涂抹，可以先涂浅色口红，后涂深色口红，避免深色口红完全压过浅色口红。

技巧四：想要让唇形变得优美、饱满，可以用深色口红勾勒双唇轮廓，然后再用浅色口红填充，两种唇色之间的过渡一定要自然。

技巧五：如果主播对唇妆要求很高，可以在正式涂口红之前给双唇做一个打底和遮盖，打底产品如唇部遮瑕膏、打底膏、裸唇膏等。做打底遮盖时，化妆品的颜色要与皮肤颜色相匹配，这样看起来才更加精致、完美。

技巧六：挑选你喜欢的口红或唇釉，先在下唇中间的部位轻涂上色，需要注意的是，要尽量沿着嘴唇内侧进行涂抹，然后再沿着上嘴唇的内侧进行涂抹。最后用唇刷、手指或棉签将唇膏在唇间晕染开，让唇色深浅协调，富有层次感。

主播服装穿搭的技巧

直播过程中，主播的一举一动都逃不过观众的眼睛，主播的形象和表现都能直接被观众看到。作为一种全新的"面对面"交流形式，网络直播可以为形象好、气质佳的主播聚焦大量粉丝。那么，主播怎样才能提高自身形象与气质呢？除了个人外貌这一固定因素外，穿着打扮也能影响一个人的气质和形象。所以，如果主播能够学会穿着打扮，即便没有出众的外貌，也能提升自身的形象和气质。

具体来看，网络主播的穿着打扮要注意以下几点，如图2-4所示。

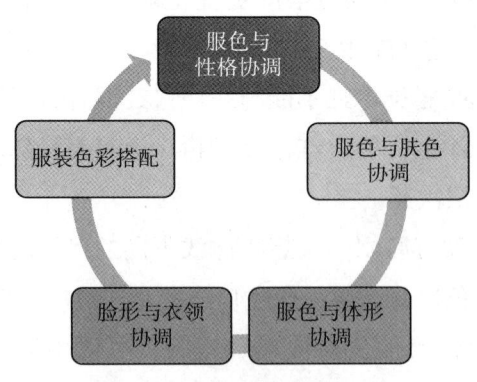

图2-4 主播服装穿搭的技巧

◆ 服色与性格协调

性格是决定着装的重要因素。主播最好根据自己的性格来挑选服装颜色。如果主播性格沉静，可以挑选素雅、清淡的颜色，这类服装可以彰显主播的沉稳气质。如果主播性格活泼，可以挑选明亮鲜艳、对比强烈的颜色，凸显主播的活力。什么样的性格特征配以什么颜色的服装色彩，才能彰显个性，突出个人特点。

根据性格特征挑选服装颜色并不是要求主播保持一成不变。有时候，主播也可以有意改变自己的服装颜色，换一种更新颖、更完美的风格来面对观众，在一定程度上达到扬长避短的效果。例如，一位主播生性活泼好动，可以挑选一些蓝色、茶色等颜色的服装，消除过多的躁动因子，带给观众文静的感觉。如果主播的性格过于内向，可以挑选一些浅色的服饰，增添活力，带给观众俏皮、可爱的感觉。

◆ 服色与肤色协调

服装一定要与肤色匹配，否则很可能令观众感到突兀。如果主播的肤色较黄，却想凸显自己的脸色红润、有光泽，可以挑选粉红色、浅紫色的服装来搭配。如果主播的肤色偏黑，应该尽量挑选咖啡色或茶色的服装，让脸色看起来白皙一些，切忌选择红色或橙色等鲜艳的颜色。如果主播肤色白皙、有光泽，就不必过于纠结颜色，可以自由地选择自己喜欢的颜色进行搭配。如果主播无法判断自己的肤色是否存在缺陷，可以挑选白色或军海蓝的服装，这两种颜色属于"万能颜色"，不易出错。

◆ 服色与体形协调

不同颜色的服装能带给人不同的感受。主播可以根据自己的体形挑选服装颜色。

体形比较肥胖的主播可以选择深颜色的服装，给人带来缩小感，可供选择的颜色包括黑色、深蓝、墨绿等。对于带有条纹的服装，主播可以选择细长竖纹，避免选择横向条纹。

体形瘦小的主播可以挑选一些暖色调的服装，给人带来膨胀感，使身材看起来更加完美，可供选择的颜色包括黄色、红色、橙色等。切忌选择竖条纹的服装，并尽量避开深色调或冷暖色彩对比强烈的服装。

◆脸形与衣领协调

在选择服装时，主播要根据自己的脸形来挑选合适的衣领。因为衣领可以影响人们对脸形的观感。

● 椭圆形脸形的主播可以随意挑选不同衣领的服装，不必过多考虑衣领与脸形的搭配。

● 长脸形的主播要尽量选择水平领的服装，这样的衣领可以在视觉上缩短其脸形，如一字领或方领等。

● 圆脸形的主播为"拉长"脸形，可以选择V形领、尖形领，避免选择圆领和前阔后窄的领子。

● 方脸形的主播需要柔化脸部线条，可以选择小圆领、西装领、尖领等，避免选择一字领、前开领、倒大式领子。

● 三角脸形的主播可以选择V字领、大敞领来缩小下颚的宽度，拉长额头的宽度。

● 尖脸形主播可以选择小圆领、小翻领，增加脸部的丰腴感。

◆服装色彩搭配

根据配色规律来搭配服装色彩可以给主播形象带来一种和谐的美感，具体分析如下：

- 主播的服装色彩基调要明确，符合气质的色调要占据较大比例，其他颜色可在不同位置呈现。
- 服装色彩要深浅得当，相互协调，可以有中间色过渡。
- 如果服装的某种色彩面积较大，则需要将其控制在两种以内。例如，色彩丰富的裙子，如果红色部分的面积较大，就需要使用红颜色的鞋子或包来搭配，相互协调，避免冲突。
- 服装的点缀不宜过多，要尽量保持精巧，如用精致的胸花、纱巾来装饰。
- 上衣与裙子或裤子的搭配要相得益彰，特别是颜色上的相宜，如暗橙色上衣配靛青色的裙子或裤子、暗绿色上衣配棕色裙子或裤子、琥珀黄的上衣配紫色裙子或裤子、浅灰色上衣配暗红色裙子或裤子、中灰色上衣配润红色裙子或裤子等。
- 白色给人明快感，黑色给人稳重感，金色给人华丽感，银色给人和谐感，这些颜色都能给人带来美好的感觉。因此，这类颜色的衣服可以与不同色彩的服饰搭配，是颜色"百搭"的服装。

主播聊天的话术技巧

主播主要通过面部表情、动作姿态、语言语调来实现与观众的交流互动，其中，语言是一项非常重要的内容。那么，要让观众拥有愉快的观看体验，主播需要掌握哪些话术技巧呢？

◆ 主播言语要得体

沟通障碍的产生往往与不看对象、夸大其词、词不达意等原因有关。举例来说，主播对观众的称呼很可能会影响观众与主播的互动意愿。当某个观众初次进入主播的直播间后，主播需要第一时间表示欢迎，这时就需要称呼对方，得体的称呼能让观众感到亲切、愉快，给其留下一个好印象，将其转化为自己的粉丝；而不得体的称呼则会使人感到不快、恼怒，果断离开。

主播在与观众交流时一定要注意语言的分寸，明确什么该说，什么不该说。表达赞美要真实具体，如果网友有不足之处，主播却夸其聪明、优秀，就会让网友感受到讽刺之意。

◆ **主播言语要真诚**

真诚的语言是良好沟通的前提。主播要保持语言得体，就要把话说得恰到好处，不含任何虚假成分，要始终保证语言出于真心。当然，真诚除了不弄虚作假以外，还有它的另一面。如果主播的语言过于客套，就失去了真诚的意味，因此保持心理的纯真自然，才能让交流不尴尬。如果主播说话绕弯过多、礼仪过分，就会让观众感到"见外"，认为主播不够坦诚。

主播与网友的聊天交流要分对象和场合进行，要保持适当的谦逊礼让，但是切忌频繁地使用"请""对不起"等，以免给人一种虚伪的感觉。

主播还需要懂得直抒胸臆的言语艺术，语言上保持直率和坦诚，还原事物的本来面目。与网友交流的过程中，直言不讳、实事求是非常重要，主播敢于说出自己的想法，自然会让网友感受到诚意。

◆ **主播言语要委婉**

主播的语言表达要灵活，要根据不同的对象、情境和目的选择不同的表达方式。语言的表达方式不是固定的，而是多种多样的，有时说话要直率，有时说话要委婉，要懂得审时度势等。该直言时不能直言，该委婉时不委婉，很难达到良好的沟通效果。

◆ **主播言语要礼貌**

主播应该对粉丝保持感恩，无论粉丝送出多少礼物、价值有多少，主播都要一视同仁，不能因为礼物数量和价值的差异区别对待。粉丝送礼物时，主播要在第一时间表达感谢，如果能配上具体的感谢和赞美效果会更好。向粉丝表达感谢和尊重，让他们感受到主播的热情和诚意，这样粉丝才会愿意与主播互动，继续打赏。

如果直播间没有人送礼物，主播不要直接向粉丝索要礼物，因为这不仅不礼貌，还会遭到粉丝的反感。索取礼物要讲究技巧，语言上尽量委婉，可以用一些具有暗示意味的词句来提醒粉丝，如"好久没有看到过××礼物了！""求上榜！""求宠爱"等。

◆ **主播言语要风趣**

有的主播性格幽默、语言风趣，很容易获得粉丝的好感，但也有很多新手主播性格内向，语言呆板，这类主播要想获得粉丝的好感，需要怎么做呢？

既然主播自己无法说出风趣、幽默的语言，不妨提前准备一些幽默的段子来增加娱乐效果，例如，可以在直播前将段子抄在卡片或纸条上，直播时读出这些段子。这种方法虽然生硬，却是新手主播快速改善直播效果的一种有效方法。不过，主播最好能在平时多积累一些段子，或者在直播之前将它们背下来，根据直播情境插入这些段子。这种方法可以解决语言生硬问题，更容易被粉丝接受，获得粉丝喜爱。

直播规划与运营技巧

在这个自媒体遍地、流量为王的时代，主播行业的发展喜忧参半。有的主播做得非常优秀，有的主播开播很久却仍然没有起色。直播效果不好很可能是因为直播过于随性，要想有所改善，就需要做一个直播规划。一份完善的直播规划需要考虑3个方面，如图2-5所示。

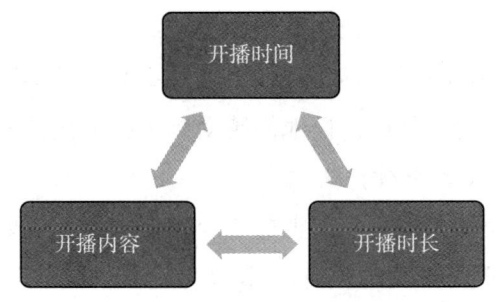

图2-5 直播规划的3个方面

◆ 开播时间

（1）选择适合自己的时间段。

●早上。早上开播是吸粉引流的好时机，一方面，因为这个时间段平台上开播的主播相对较少，所以开播竞争力较小；另一方面，这个时间段观看直播的粉丝比较容易被吸引，这类粉丝收入稳定、时间自由，而且没有固定支持的主播。

●中午。中午是展示才艺、维护粉丝的时间。这时观看直播的人多是上班族，他们需要在午休时间放松精神。由于这个时间段开播的主播不断增加，竞争逐渐变大，所以主播更要拿出真本事。如果主播能在这个时间段展现才艺、娱乐游客，更容易吸引粉丝。

●晚上。晚上是刺激消费的时间。这时，平台上开播的主播和观看的粉丝都在数量上达到高峰，主播陆续开播，观众不断涌入，必定会掀起"抢人大战"和"消费高潮"。

●凌晨。凌晨开播是培养忠实粉丝的好机会。粉丝愿意在深夜看直播多是因为需要人聊天陪伴，主播如果能在这个时间段加强与粉丝的交流，更容易走到粉丝的心中，成为他们忠实拥护的对象。

（2）固定自己的开播时间。

在固定的时间开播，可以培养粉丝在固定时间观看直播的习惯，让粉丝记住你的开播时间，并准时进入直播间。主播与粉丝之间的这种默契可以培养高忠诚度的粉丝，减少粉丝流失。

主播一旦固定了直播时间就不可以随意迟到，因为主播的每次迟到都是在消费粉丝的信任。主播迟到会让粉丝产生不受重视、被放鸽子的感觉，如果迟到次数过多，粉丝就会转移到其他的直播间观看节目。

随意停播是直播行业的大忌。平台上的优质主播有很多，一名主播长时间停播，其粉丝就会在这段时间进入其他主播的直播间。很少有粉丝会因为一名主播的离开不再观看直播。主播回来后，流失的粉丝不一定能回来。停播时间过长必定会导致粉丝流失，复播后，主播需要花费更多时间来建立和维护与粉丝之间的关系，得不偿失。

（3）开播前做好充分准备。

什么时间直播、放什么歌热场、与粉丝聊什么内容、直播时需要注意什么等，这些问题都要提前做好准备。另外，直播时要学会营造气氛，带动粉丝的情绪，游刃有余地应对各种突发情况，带给粉丝良好的观看体验。

◆ 开播时长

直播时长决定了主播的曝光量、直播收益、积累粉丝速度等。所以，主播要重视自己的直播时长。直播时长并不包括挂机时间，如果你直播时经常离开，或者无精打采、沉默寡言、不与粉丝互动，很难留住粉丝。直播开始前，主播要明确自己的直播任务，不能随心所欲，为了消磨时间随意填充直播内容。

◆ 开播内容

（1）找到与观众的共同点。

找到与观众的共同点，才能快速打开话题，例如，询问对方平时爱做什么、爱吃什么等。通过这种方式找到与观众的共同话题，不断深挖，逐渐展开，从而制造新的互动内容。

（2）积攒话题。

主播对热搜话题、热播电影、热门事件等都要主动了解，要善于抓住实时热点，同时还要积累一些好玩、有趣的段子，以保证与粉丝互动时有充足的话题。

（3）适度互动。

直播时，如果主播长时间不说话，观众很难产生参与感，而观众一旦丧失互动的积极性，往往就会离开，所以适度的互动非常有必要。任何参与互动的人都可能成为潜在粉丝，因此，主播不能只重视老粉丝，还要时时关注新观众。为做好粉丝维护，主播可以建立一个粉丝群，将进群方式放在直播页面，方便粉丝进群互动。同时，主播还要定时举办群活动，对主动进群的粉丝进行统一管理。

第 5 章

直播引流：快速涨粉的运营实操技巧

直播引流的3个阶段

互联网时代，人人都可以凭借直播发家致富。直播的成本很低，方式也很简单，只需要一部手机，下载一款直播软件，注册一个直播账号，就能实现在线直播。直播不受时间和空间的限制，传播范围较广，同时兼具互动性强、粉丝黏度高等特点。只要内容足够精彩，产品质量过硬，就能受到粉丝的青睐，并快速实现变现。很多主播通过直播完成了引流与变现。

◆ **直播引流的优势**

直播引流的优势，如图2-6所示。

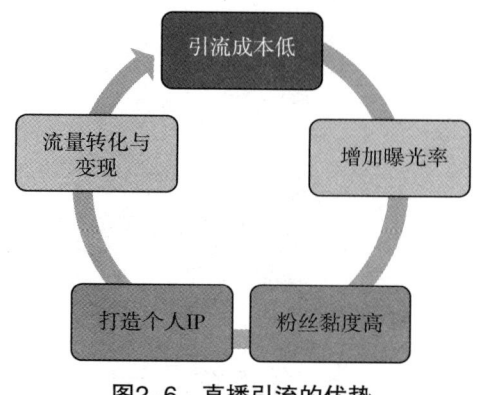

图2-6　直播引流的优势

（1）引流成本低。做直播简单、易学，成本低。企业或品牌只需要在电脑或手机上下载一款直播软件，然后根据注册要求建立一个直播账号，就能通过该直播平台进行直播。如果直播输出的内容足够精彩，就能吸引大量粉丝。

（2）增加曝光率。随着直播成为一种主流传播形式，直播平台可以在极大程度上增加个人、商品乃至品牌的曝光率。直播是一个能够全方位展示个人形象和联系方式的渠道，这不仅因为直播平台拥有大量用户，还在于直播视频可以在互联网上长期流传，这样就增加了更多曝光机会。

（3）粉丝黏度高。会员一旦对主播产生兴趣，就会在第一时间点击订阅或关注，这样主播就会积累许多粉丝。如果这些粉丝喜欢观看主播的节目，主播只需要持续输出精彩的内容，就能将粉丝长久地留下来。

（4）打造个人IP。直播引流能有效聚焦粉丝，在长期高质量的直播后，主播很可能打造出一个高质量的个人IP，这个IP的引流效果会成倍放大。

（5）流量转化与变现。很多主播都拥有大量粉丝，在积累了较高的人气之后，主播可以在直播平台通过介绍、试用和参与，为商品、活动、品牌引流，完成变现。例如，以手淘视频直播为例，作为淘宝重点打造的导购社区平台，手淘视频直播支持用户"边看边买"。用户只需要在手机淘宝App首页下滑至"淘宝直播"，就能一边看直播一边挑选自己喜爱的商品。

◆ 直播引流的3个阶段

在实际操作过程中，主播可以根据直播前、直播中、直播后3个阶段的特点，运用不同的技巧完成引流。

（1）直播前。

良好的开端是成功的一半，主播如何在开播前进行引流呢？

● 直播前，主播可以将直播地址一键分享到微博、公众号、朋友圈、QQ空间、微信群、QQ群、社群、贴吧等平台，实现推广资源的最大化利用，最大限度地吸引粉丝。

● 与相关平台合作。例如，主播想要通过直播推荐体育类产品，可以寻找体育类直播平台合作，多个专业平台共同宣传，最大限度地吸引用户观看，扩大潜在顾客群。

● 直播正式开始前，为直播间设置一个引人注目的标题，可以吸引更多游客进入。一个好的标题就像是直播间的"门面"，能够为直播间树立良好的外在形象，从而达到宣传和引流效果。

（2）直播中。

在这个全民直播的时代，好的内容才是行业发展的保障。如果直播内容不好，很难留住粉丝。在关注内容的同时，主播还要注重与粉丝的互动，积极地促成在线成交，这也是实现二次引流的有效方法。

● 主播在刚开播的半小时，可以组织一些优惠活动来为直播预热。这些优惠活动不仅能吸引游客，还能促使粉丝把直播信息分享出去，从而带来更多的流量。许多成功的电商正是利用了用户裂变原理吸引并聚集了足够的会员，才最终成功变现的。例如，拼多多通过微信的10亿用户裂变引流，直播也可以借鉴这种模式。

● 在组织直播活动时，主播要增强与粉丝的互动，并做好引导工作，例如，可以提醒粉丝及时关注或订阅，及时分享活动信息等。为了延长粉丝在直播间的停留时间，主播可以组织一些比较热门的活动，如抽奖、领红包、秒杀购、优惠券等，从而极大地增强粉丝黏性，提高流量变现率，为二次引流奠定基础。

（3）直播后。

做好直播后的工作，可以极大地促进个人直播事业的发展。每次直播结束后，主播需要在第一时间进行总结，如及时跟进订单处理、奖品发放等，确保客户的满意度。同时，主播还要做好客户数据分析与粉丝维护工作，这样不仅可以增加老客户的回购，还能通过口碑宣传吸引更多新用户关注。另外，主播还可以将自己的直播视频剪辑成精彩的短视频，或者包装成精美的娱乐性推文，促使感兴趣的用户关注、分享，从而带来更多流量。

直播引流的3大策略

随着直播行业兴起，越来越多的视频网站开始加入直播行列，许多手机直播App不断涌现并受到越来越多的粉丝欢迎。这也使许多素人一跃成为名人，许多著名主播就是通过直播平台逐渐被人熟知的。

主播可以通过日积月累的输出逐渐积累人气，而人气的高低可以通过在线人数直接体现出来。更重要的是，主播可以通过平台将获得的虚拟币直接变现。也就是说，直播既能提高主播的名气，又能为主播带来收入，这正是主播越来越多的主要原因。随着主播的数量越来越多，竞争压力也越来越大，新人主播脱颖而出的机会变得越来越小。面对这种情况，如何提高直播质量，实现最大化的引流变现呢？直播引流的3大策略如图2-7所示。

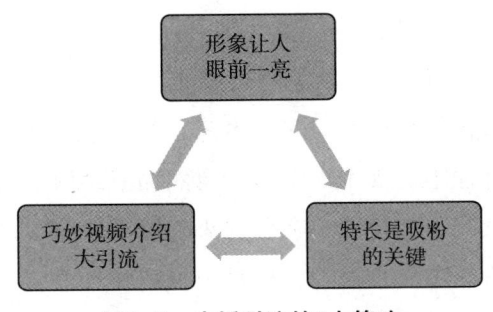

图2-7 直播引流的3大策略

◆ **形象让人眼前一亮**

直播过程中，粉丝可以看到主播的一举一动，因此主播在直播时必须提升自己的形象。一般来说，主播可以通过服装、饰品等来装扮自己，塑造良好的外在形象，以吸引更多粉丝。主播的穿着搭配一定要符合自身气质，要懂得塑造不同的自己，经常做出调整，给人以"百变"和"多元"的感觉。

除了容貌形象得体之外，主播还要不断提升自己的品位，个人品位的高低往往能决定直播档次的高低。如果主播品位比较高，就能在直播过程中给人一种很高档的感觉，更容易吸引粉丝。

对于主播来说，提升品位最重要的方式就是在直播过程中始终保持正能量的输出，一方面可以通过收腹、挺胸和放松肩部来端正坐姿，保持微笑，给人树立正面的形象；另一方面可以与粉丝分享自己最近读的一本好书，推荐一些冷门但优质的音乐，增加语言中的涵养等。或者主播可以适当地与粉丝分享一些优质的段子来调节直播间的气氛，但内容必须积极向上。

◆ **特长是吸粉的关键**

直播平台的头部主播之所以能够聚焦大量粉丝，获得超高的名气，往往是因为他们有一技之长。所以，要想成为一名优质主播，必须具备一定的特长，如会唱歌、跳舞、讲故事、讲笑话、脱口秀、弹琴等。只要能够打动粉丝，让粉丝眼前一亮，就能获得成功。

有些主播虽然相貌普通，但多才多艺，如唱歌好听、擅长跳舞，可以在唱歌或跳舞的过程中表现个人魅力，自然而然地吸引粉丝。也有一些主播长相极佳，但没有什么特长，在摄像头前沉默寡言，或许可以凭借出色的长相吸引一些粉丝进入直播间，但是很难留住粉丝。所以，相较于个人品位和特长来说，相貌优势所占比重不是很大。主播要想脱颖而出，关键还是要提升个人品位，学习一些特长。

◆巧妙视频介绍大引流

主播在直播时应当在视频界面展示出自己直播的特点是什么，如"游戏大转盘""情感咨询""你点我唱"等，这些介绍虽然简单，却能直接展现直播间的风格，加深粉丝对直播间的了解，让感兴趣的粉丝可以精准定位你的直播间，从而实现持续转化与引流。

有一些视频账号有公开的基础介绍界面，主播要认真编辑基础介绍，必要时可以添加个人公众号、微信号、QQ号、微博ID等，让粉丝通过多种渠道关注你，以及更方便地在各大网络平台上找到你。粉丝通过多个平台对主播做出全方位了解之后，往往会提升对主播的忠诚度，进而成为铁杆粉丝。简单来说就是，主播通过编写直播视频介绍展示直播间的特色，扩大粉丝关注和了解渠道，可以更好地实现引流目的，达到引流效果。

内容简介的引流技巧

随着直播行业的快速发展，直播行业的竞争越来越大，新手要想在直播领域占有一席之地，除了要不断输出优质的内容，还要掌握一定的技巧,如利用内容进行直播引流。那么,利用内容简介进行直播引流的技巧有哪些呢?具体如图2-8所示。

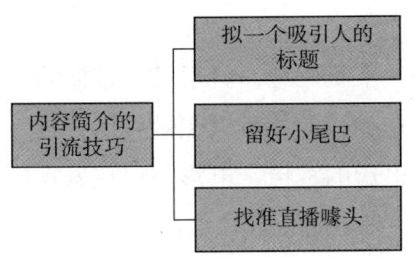

图2-8 内容简介的引流技巧

◆拟一个吸引人的标题

好的标题具有"先声夺人"的作用,可以直观地给粉丝以情感冲击,激起粉丝的观看欲望。所以,在直播之前,为直播间拟一个引爆式的标题非常必要。如何拟一个好标题呢?

第一步,优秀的标题往往能直击粉丝痛点,如像马云一样不爱钱却很有"钱途"。

第二步,利用疑问句引发大家的思考和讨论,如"为什么你不能成为下一个李嘉诚?""你的理想为何总与现实说'分手'?"

第三步,增强标题的代入感,将粉丝代入特定场景,如你一直在犯的错误,自己却没有察觉。

◆留好"小尾巴"

一些人在进行直播间宣传时常常会忽略细节。例如,主播在留言时忘记留下直播房间号,或者在评论中没有留下直播房间的网址链接,这就导致很多粉丝在观看留言和评论后,或者即使进入对应的直播平台,也很难找到主播的直播房间。这就要求主播在做内容简介时及时插入直播房间ID

或直播房间网址，一旦网友产生兴趣，就能直接点开链接观看其直播。

◆ 找准直播噱头

如果你的内容简介平淡无奇，就很难在直播的浪潮中掀起波澜。各种形式的宣传之间往往是相通的，所以在做直播宣传时也可以借鉴其他领域的宣传方式，如借鉴电影的宣传。电影公司在做宣传文案时往往会在最精彩的地方适可而止，直播宣传也应该如此。

第一步，截取直播过程中最精彩的内容片段，用简单的语言对直播内容进行概括。

第二步，将时下的热搜关键词嵌入你的介绍中，充分联系相关热点，激发话题，引发讨论。

第三步，找准时机，提前预热。

要想做到事半功倍的直播引流，第一步应该做好直播内容简介，这是非常重要的一步。主播应该提前想清楚哪些内容更吸引粉丝，哪些内容更具意义，哪些内容能贴合实际并引起大家的共鸣。毋庸置疑，掌握当下的热点并将其与直播内容联系起来，往往能够更好地吸引粉丝。

直播内容的引流技巧

◆ 做好内容策划

要让直播变得专业、有质量，需要在直播前做好充足的准备，具体要落实到做好直播内容的策划上。例如，在每次直播之前，将直播的主题、时间、时长、活动、货品安排等做一个详细的规划，把可能出现的问题列举出来并提醒自己规避。与粉丝的聊天互动很重要，但直播不等于漫无目的地聊天，做好直播内容策划，可以使直播更专业，使主播避免手忙脚乱。

在开始直播前，主播团队要做好前期宣传工作，每次直播都要提前发布直播预告，提醒粉丝你正在直播。如果直播预告不到位，直播已经开始，粉丝却不知道，很难吸引到足够的用户观看。所以，能否做好直播预告往往决定着一场直播的成败。

◆ **做好内容分享**

主播要积累粉丝，一方面依靠平台在前期的扶持，另一方面要靠自己的努力。在这方面，内容分享至关重要。直播内容的分享与直播预告具有相似之处，其目的都是为了扩大宣传，吸引更多粉丝。直播之前，主播可以将直播预告分享到各大社交平台，如微博、朋友圈、QQ空间、百度贴吧等，在准备直播时，要把直播主题和直播间地址以同样的方式分享出去，扩大吸引粉丝的渠道，让更多人关注直播。

◆ **做好关注引导**

直播时，主播要经常提醒观众关注或订阅自己，这是主播获得关注或订阅的主要方式。如果缺少这种提醒，观众或许只会成为直播间的游客，不会成为粉丝。只有游客先关注或订阅了主播，主播才有机会获得长期的流量。那么，如何引导观众关注或订阅主播呢？可以从以下几点做起：

（1）产品。很多主播开直播是为了卖产品，所以如果你的产品质量有保障，足够吸引人，自然可以获得游客的关注和订阅。

（2）内容。你的直播内容质量高、有价值，也会获得游客的主动关注。产品有吸引力，直播内容有价值，实现这两点不仅能吸引用户、提高粉丝黏性，还能更好地实现流量的变现。

（3）互动。与粉丝进行良好的互动交流，可以大幅提高直播效果，更好地展示产品，传播内容，吸引观众的目光，获得他们的关注。

◆ 直播内容要有深度

直播内容的深度主要体现在两个方面：一是要有正确的价值观；二是要有优良理念的输出。只有具备这两点，直播内容才会更容易引起观众共鸣，获得观众关注。例如，一个专注做化妆品直播的主播在推荐自己的产品时，不应该单纯地用语言介绍自己的产品，而应该一边试用产品，一边为女性朋友介绍一些化妆技巧，这样更容易获得粉丝青睐。如果一个主播专注做服装直播，那么除了要向观众介绍一些穿搭技巧外，还可以分享一些衣服护理方面的知识。做商品直播不一定要将商品当作主角，如果主播可以将自己打造成一个"品牌"，同样可以获得粉丝的忠诚，实现流量变现。

◆ 分享有亮点的内容

如何才能引起观众的好奇，将他们吸引进直播间呢？向观众分享直播间的亮点内容就可以。在好奇心的驱使下，观众进入直播间，如果直播间确实有亮点内容，并能满足他们的期待，就能获得他们的关注，将他们转化为自己的忠实粉丝。

例如，主播在直播间表演唱歌，要让唱歌有亮点，至少要具备一定的唱功，把歌曲唱得动听，打动观众。另外，主播也可以从唱歌风格上打造亮点，如使用方言唱歌、搞怪唱歌等也能让观众感到耳目一新，从而使直播变得有亮点。

一个带货的主播要让直播具有亮点，首先要保证推荐的产品有特点。例如，产品在直播平台有特殊的优惠政策，或者这款产品本身比较特殊，或者这款产品是厂家直销，只能通过直播间购买。例如，李佳琦曾通过直播向粉丝推荐一款高档的化妆品，这款产品在其他售卖渠道从不打折，而在李佳琦的直播间却能打七折，不仅如此，前100名下单的粉丝可以享受买一赠一的特惠，即前100件产品低至3.5折，吸引粉丝疯狂抢购。

◆ 保证直播频次

与做短视频一样，做直播也要保证频次。如果主播不能保证每天直播，至少要保证每周进行2~3次直播。直播的频次确定后，还要确定每次直播的具体时间，例如每天早上9点直播，或者每周一、周三、周五晚上8点直播。总之，要尽量确保每次直播的时间一致。确定直播的频次和时间，保持直播的规律性，可以持续加深观众的印象，使人们不易忘记你的直播。更重要的是，这种规律性的直播非常有利于持续吸引粉丝，提高直播间在直播平台的权重。

◆ 要保证产品质量

无论线上还是线下，产品质量都要放在第一位，主播通过直播卖产品也是如此。产品质量好，可以提高粉丝对主播的信任，吸引并留住新粉丝，刺激老粉丝复购。产品质量不好，则很容易失去粉丝信任，引起粉丝的不满。这些粉丝极有可能在直播间通过负面评价、留言和刷弹幕的方式来发泄愤怒，不仅会影响产品成交，还会使主播失去大量粉丝。

◆ 做好售后服务

与产品质量同样重要的是产品的售后服务。因此，主播应该对产品的售后服务予以高度重视，确保售后服务的效率和质量。

有些电商通过直播运营卖出了大量产品，其销售能力是值得肯定的。但遗憾的是，它们没有售后服务意识，导致开始售卖时异常火爆，过了一段时间便迅速萧条，甚至收到了大量差评，导致粉丝大量流失。

直播评论的引流技巧

利用好直播评论也能达到引流效果。有些电商新手不注重直播评论，或者认为通过直播评论引流并不实用。实际上，这样的想法非常片面。很多人不仅爱看直播视频，更爱看直播评论。如果能抓住直播评论这一重要渠道，将大家关注的内容展示给粉丝，突出自己直播与众不同的地方，同样可以达到很好的引流效果。

在使用直播评论时，主播对自身直播的评论要客观，不能对直播做不切实际的长篇大论。直播评论引流的技巧如图2-9所示。

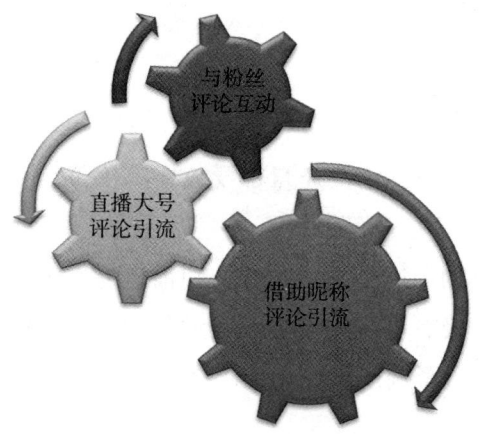

图2-9　直播评论引流的技巧

◆**借助昵称评论引流**

如果直播时的粉丝不多，可以通过注册直播小号评论直播大号的方式实现引流。

第一步，在同一直播平台注册若干个直播小号，然后为每一个小号取一个与直播大号类似的昵称。

第二步，利用直播小号对大号直播内容进行评论，制造话题，用评论激发名人效应和话题效应，从而实现快速涨粉。

第三步，持续创作优质的直播内容，不断巩固新粉丝的忠诚度，将昵称的引流作用在最大程度上发挥出来。

◆ 直播大号评论引流

如果你的直播间粉丝稀少，你就需要思考粉丝究竟去了哪里，然后找到粉丝的聚集地，再进行引流。

有些主播的直播起点很高，这是因为这些人在直播之前就拥有了可观的粉丝量。例如，著名运动员傅园慧在一次直播中，粉丝在线观看量达到了1000多万人。另外，还有一些网红在直播时粉丝量可以达到数百万人。这些名人的直播间往往就是粉丝的聚集地，如果我们能找到粉丝，往往就能找到评论引流的机会。

第一步，登录你的直播大号，进入直播大号聊天室。

第二步，找到名人直播的地址，在名人与粉丝互动时，利用你的直播大号参与到这些互动中去，积极回答名人的提问，引起其粉丝的关注。

第三步，有条件的主播可以适当地给名人送些虚拟礼物，获得他们的感谢，体现自己的存在感。也可以向名人提问一些粉丝感兴趣的问题，向他们寻求答案。名人一旦回答你的问题，就能使你获得较高的关注度，利用名人效应实现引流。

第四步，用心聆听名人直播，抓住热议话题，适时推广你的直播号。例如，在你观看傅园慧直播时，可以在评论区这样留言："我也是游泳爱好者，平时会直播一些相关干货，有兴趣的可以关注我。"

◆ 与粉丝评论互动

新人直播时人气普遍不高，可以组织亲朋好友前来关注评论。新手主播可以经常与好友互动，介绍自己直播的内容、形式和特色，为直播创造更多机会。例如，好友可以用评论的方式向主播提问，主播及时予以详细、幽默的回答，鼓励更多人向主播提问，从而实现与粉丝的互动。频繁的互动可以带动直播气氛，带动粉丝一起拉人宣传。

社群平台的引流技巧

　　社群是粉丝的聚集地，其存在的意义毋庸置疑。优秀的社群平台不仅是网红主播展现自我的平台，也是电商变现的最佳渠道。常见的社群平台有微信、微博、QQ、贴吧等，这些都是很好的引流渠道。

　　虽然很多主播能力出众，粉丝众多，但因为需要在一个平台持续直播，对粉丝数量的增长造成了一定的限制。如果主播能够利用好社群平台，就可以把不同社群的粉丝集中起来，引入自己所在的直播平台，实现引流。很多主播就是通过这种方式实现精准化传播，完成渠道变现的。

　　社交软件具有较强的开放性，许多直播平台越来越注重与社交软件互相打通，如虎牙、斗鱼等直播平台可以一键将房间号分享到多个社交平台，如微博、微信、QQ群、空间、论坛、贴吧等。因此，新手在直播时，要学会利用一键群发功能将自己的直播信息发布到各个社交平台上去，实现宣传资源的最大化利用，尽可能多地吸引粉丝。

　　直播最主要的目的是变现，直播变现要注意以下两个细节：

◆ 与粉丝的互动

　　主播需要与粉丝积极互动，这是与粉丝沟通的主要手段，也是直播的核心内容之一。即使主播想要尽快地推介自己的产品，也不能单纯地去做广告。因为粉丝进入直播间不是为了听广告宣传。总之，主播要尽可能地与粉丝互动，积攒人气和人品，这样才能为变现铺路。单纯地发布广告只会令粉丝感到乏味,时间一长,粉丝就会"脱粉",甚至转为"黑粉"。

◆ "润物细无声"的推广

强买强卖只能赶走顾客,真正优秀的推广往往是潜移默化的。所以,主播不能将直播推介做成"电视购物"。如果主播在直播过程中只是一味地介绍和吹嘘产品,直播效果一定会大打折扣。一场高质量的带货直播一定是将产品当作直播的道具,而不是直播的目的。

例如,主播向粉丝推荐一款美妆产品时,不能一味地介绍它的美妆效果,而应通过一场"美妆秀"让粉丝看到自己使用产品前后的变化,从而达到更好的宣传效果。一场"美妆秀"既可以增强与粉丝的互动,又能吸引粉丝的注意力。最重要的是,主播使用产品前后的变化为粉丝购买产品提供了具有说服力的证据,这种"润物细无声"的推广更有助于产品快速变现。

第 6 章

直播带货：直播电商运营实战攻略

网红主播打造实战攻略

一场直播，观众最先看到的自然是主播。主播形象是直播间的"门面"，就像杂志的封面一样。最能引起人们注意的是主播的形象，当粉丝被主播的形象吸引以后，他们才会进入直播间去看具体的内容。所以，主播形象的好坏直接影响着直播间内观众的数量。电商对主播的选择非常重要，一般来说，可以从匹配度、带货能力和性价比三方面来考虑和选择主播。

● 匹配度的考察依据包括：主播的口碑和评价、主播形象、专业度、主播的粉丝画像、主播的直播间氛围等。

● 带货能力的考察依据包括：粉丝数量、粉丝活跃度、粉丝团及直播数据等。

- 性价比的考察依据包括：转化率、垂直性等。

◆ **打造主播人设**

要打造理想的主播人设，就要找到适合自己的主播人设定位，以薇娅为例：

薇娅是淘宝直播最具实力的主播之一，被网友称为"淘宝第一主播""淘宝一姐"等。薇娅把粉丝称为"薇娅的女人"，作为带货主播，她不仅会尽心尽力地为厂家推广产品，也会竭力保障粉丝的消费权益，例如，她会向粉丝承诺不满意可以随时退款、无条件退款，或者向粉丝推送各种优惠券和打折信息等。薇娅维护粉丝的合法权益，为她在粉丝面前树立了良好的人设。在粉丝看来，薇娅是一个有担当、有正义感，充满正能量的人，她会时刻保护粉丝，维护粉丝的权益。

对于新手主播来说，如何才能找到适合自己的主播人设呢？主播人设地树立可以通过IP九宫格思维导图完成，认真做好每一步规划，如图2-10所示。

职业	外表	性格
优势	核心定位	价值
粉丝画像	口头禅	标签

图2-10 主播IP人设的九宫格思维导图

◆ **直播场控**

一场成功的直播还需要一个合适的场控。在直播过程中，场控发挥着调动直播间气氛、维护直播秩序、补充直播短板、清洁直播环境和促进成交变现等作用。

一般来说，要达到理想效果，一场直播的时间至少要控制在2小时以上。在这样长的时间中，主播不可能每一分每一秒都保持良好状态。当主播疲乏时，场控要及时配合主播调动直播间的气氛，积极地与粉丝互动，不让直播间陷入冷场。在调动直播间气氛方面，场控的责任甚至比主播更大。如果主播能将直播间气氛调至60分，那么场控就需要把气氛调到80分，甚至更高。

另外，场控还能帮助主播弥补直播过程中的短板，如在主播对产品批次、质量认证等内容不清楚，或者有顾及不到的地方时，场控就应该及时站出来弥补这些不足。

具体来说，直播间场控需要做好以下工作，如图2-11所示。

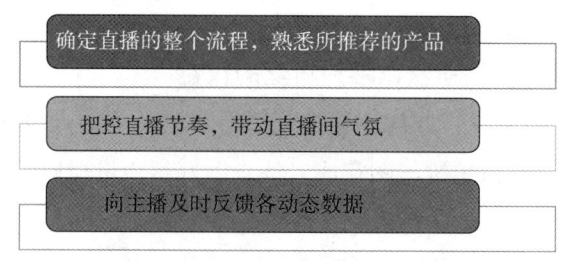

图2-11 直播间场控的工作内容

（1）确定直播的整个流程，熟悉所推荐的产品。在直播之前，场控要提前熟悉直播的整个流程，包括抽奖的时间、分享主题的时间以及分享干货的时间等。同时，场控还要提前熟悉产品信息，包括商品性能、参数、生产日期等。另外，场控还需要提前对产品进行实际操作，如按照说明试用产品等，确定产品是否与商家宣传的一样。

（2）把控直播节奏，带动直播间气氛。当主播状态下降、感到疲惫时，场控应该第一时间站出来与粉丝互动，想方设法调动直播间气氛。例如，场控可以提一些引导性问题让粉丝回答，提高粉丝的参与度，带动粉丝的积极性。

（3）向主播及时反馈各项动态数据。场控要实时关注直播间动态，及时向主播反馈粉丝意见和产品销售数据。例如，一款产品的订购非常火爆，场控就要提醒主播适当延长推荐这款产品的时间，相反，如果一款产品的销售惨淡，并受到粉丝的大量差评，场控就应该及时提醒主播尽快结束推荐，开始下一款产品，减少粉丝流失。

电商选品分析实战攻略

电商直播的成功需要两个要素：一是主播的带货能力；二是产品本身的质量。那么，电商主播如何挑选直播商品才能获得粉丝的喜爱呢？我们可以从三个方面来分析，如图2-12所示。

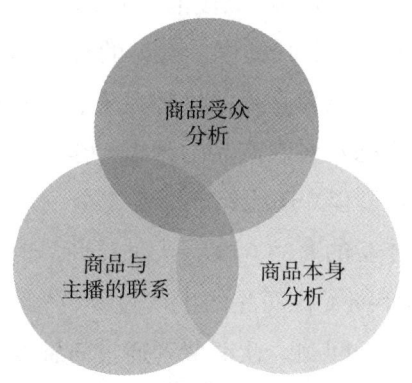

图2-12 直播电商选品分析技巧

◆ 商品受众分析

对于有一定流量却没有货源的主播来说，要通过电商直播来实现流量变现，首先要对自己的粉丝群体的具体情况进行详细分析和判断，如确定粉丝群的年龄层次、性别比例、职业身份和消费能力等。

主播在选择商品时应该首先判断所选商品是否适合自己的粉丝群。不同类型的粉丝对产品的需求不同，消费水平和消费追求也不一样。例如，如果你的粉丝群中大部分是女性，你可以向她们推荐美妆产品和服饰类产品。如果你的粉丝群中大部分是男性，推荐美妆类产品就不合适了。主播选择的商品一定要适合自己的粉丝，只有这样才能保证转化效果。

◆ **商品本身分析**

通过直播售卖商品既方便，又高效，但并不是所有商品都能以这种方式销售。一般来说，适合直播销售的商品有以下五类：

（1）快消品。快消品的消费群体比较广，消耗速度快，是不错的直播销售对象。

（2）重视过程消费的商品。现代消费者越来越重视产品的生产"过程"，例如，食品的加工和生产过程、食材的种植和管理过程、工艺品的制作和材料获取过程等。电商直播的优势在于它能帮助消费者更好地了解产品的由来，如通过直播观看农产品的种植、生产和加工等过程，不仅可以帮助消费者了解消费过程，还能保证消费安全。

（3）无法亲自去体验的商品。在购买进口商品时，人们不能亲自去当地体验商品，也不能详细了解商品的生产过程，很多人可能会盲目决策。直播可以很好地解决这一问题，让消费者通过直播观看别人体验商品的过程，了解商品的生产、加工，从而有针对性地下单购买。

（4）适合团购的商品。直播能聚集人气，实现团购效应。电商不仅可以通过直播向群体售卖产品，甚至还可以向群体售卖服务。相较于传统的团购来说，电商直播是一种新型团购方式，许多限时团购中成交量较高的产品和服务都可以通过直播来售卖。

（5）品牌商品。这类产品知名度较高，而且具有品牌效应，非常适合作为电商直播产品。

总之，主播推荐的商品一定要具备以下一个或几个特点，即受众明确、质量良好、性价比高、用途广泛、与生活密切相关、功能强大、能满足消费者的某种心理等。

◆ **商品与主播的联系**

商品要与主播有较高的匹配度，至少主播不能讨厌这种商品，而且对商品有自己的认知。

商品说明不能过于复杂，主播必须在短时间内将商品卖点清晰地传达给受众，让受众产生购买冲动，下单购买或主动传播。

选择直播产品要从受众、商品和主播三个方面进行思考，合适的商品往往能让直播达到事半功倍的效果，所以主播不仅要注意提高自己的直播技巧，还要在直播商品的选择上投入更多资源与精力。

直播场景运营实战攻略

直播场景的布置关系着直播间的氛围和直播的效果，所以直播场景运营非常重要。这需要从三个方面来考虑：

◆ **基础设施**

（1）直播间布置。

在大部分时间里，主播都是驻点卖货，所以直播间的设计十分讲究。主播所在的场景和突出的形象往往能对交易产生潜移默化的影响。

当然，主播既可以自己打造直播间，也可以向专门的直播机构租用直播间。不过，直播间的打造最好由主播亲自完成，这样更有针对性。在直播卖货之前，主播或商家都可以参与到直播间的设计和布置中去。如果是入门级的直播，只需要一部手机、一个支架以及一张桌子便能开展直播。

（2）直播外场预热。

装扮直播间只是直播卖货的一个环节，此外，还要做好基础直播配套设计工作。举例来说，主播需要创建一些与直播相关的账号，如微博号、微淘号、公众号、贴吧号等，并在直播之前提前做好相应的文字、短视频和海报，在这些账号上及时发布直播预告或活动信息。例如，李佳琦在直播前或直播后，都会在微信群、公众号、微博、微淘、快手、抖音等平台发布直播预告和活动信息，吸引更多粉丝进入直播间。

◆ 直播场地

除了驻点直播外，还有一些主播通过旅游、探店、测评、采访进行直播。即使是专业的驻点直播，也可能会偶尔进行一场户外直播。户外直播卖货主要有两种方式，如图2-13所示。

图2-13　户外直播卖货的两种方式

- 产地溯源。一些电商在直播卖货时通常会将地点选择在产品产地，如针对水果生鲜类商品，主播可能会到对应的农场进行直播，通过农民现场采摘、主持人现场试吃、现场采访游客等方式增强直播的感染力，从而达到卖货目的。另外，还有不少主播会特别选在丰收节、采摘节等节日去产地进行直播。

- 走进工厂。服装、美妆、电器、日用品等产品的电商直播可以选在对应的工厂进行。主播携带直播设备走进生产基地，进入生产车间，甚至走进产品实验室进行探秘直播。在此过程中，主播可能会分别采访工厂不同级别的员工，如车间工人、产品研发员、企业经理等，或者直接到流水线上向观众展示高精尖技术、高端设备等。这样做可以增强观众的信任感,达到更好销售商品的目的。

针对不同的场景,主播要随时调整讲解方式、流程设计、产品展示和优惠政策等,从而灵活应对不同要求的产品销售。

◆ **直播互动**

通过纯介绍、纯推销的方式直播卖货已经不能适应电商直播的市场要求,更无法真正地把货卖出去。现代电商直播更多的是通过主播与受众的互动销售商品,那么,主播应该如何做好与受众的互动来实现最终的成交呢?

(1)产品展示。

● 试吃试用。通过直播购买产品与通过观看商品详情页购买产品往往有很大区别。主要区别在于,通过直播购买产品可以看到主播现场演示、讲解和使用,一种食品如何食用、怎么摆盘,一款洗衣液用量多少、怎么清洗,一部手机怎样进行无线充电、有哪些使用技巧,这些都能通过主播的讲解了解清楚。不同的主播有不同的风格,不同的产品也有不同的卖点表达方式。有些主播喜欢通过咆哮式叫卖、暴力式拆解等方式直播卖货,这些方式虽然看起来土味十足,却可能效果显著。

● 嘉宾助阵。许多有实力的主播在直播带货的过程中会邀请明星大咖助阵,如李佳琦、薇娅等主播就曾多次与明星合作直播卖货。明星嘉宾的名气越大,卖货效果就越好。利用明星效应可以更快地聚集粉丝,促进消费。如今,一些乡、县、市的官员领导为了拉动地区经济,实现精准助农扶贫,也参与到直播带货中来。

（2）答疑解惑。

从商品角度看，主播应该关注的是产品展示、优惠福利等内容。而从直播主体来看，主播应该把目光集中在用户身上。主播要一边与粉丝闲聊，缩小与粉丝的距离感，一边围绕产品随时解答粉丝的问题。例如，当粉丝问170厘米的身高穿哪款、最小号是多少、蓝色上衣配什么裙子等问题时，主播都要耐心回答，既要让粉丝感受到你的专业，又要让粉丝获得被服务的快乐。如果主播无法应付众多评论，可以为自己配一个助理，甚至可以直接配上客服帮忙回复。

直播活动促销实战攻略

直播活动的促销技巧如图2-14所示。

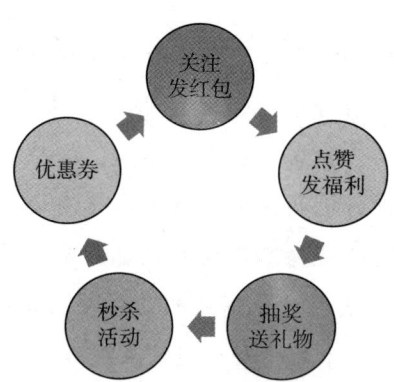

图2-14　直播活动的促销技巧

◆关注发红包

新手主播经常采用满额关注发红包的策略来积累粉丝，他们会在直播间的公屏上直接标明：当关注达到多少时就立刻发红包之类的信息。对新手主播来说，通过红包诱导的方式可以在短时间内获得一批关注，让直播数据有更好的表现。但是这种方法也存在弊端，如可能导致粉丝质量不高、粉丝忠诚度和黏度偏低、后期转化费力等问题。另外，有些粉丝只是为了领取红包才关注主播，一旦红包到手，他们就可能直接取消关注。所以，主播在通过"关注发红包"策略吸引到粉丝后，还要及时做好粉丝维护工作。

◆ 点赞发福利

点赞活动操作简单、门槛较低，大部分粉丝都愿意配合，所以也是直播间比较常见的活动。该活动的具体操作方式是，只要粉丝的点赞满足一定额度，主播就会向粉丝发放福利款或免费商品。其作用主要是增加粉丝的黏度，提高粉丝的忠诚度。需要注意的是，主播发放的福利商品一定要保证质量，价格不用太高，能表达心意就好。

◆ 抽奖送礼物

抽奖送礼物主要有两大作用：一是带动直播间气氛；二是增加粉丝黏性。这种方式是比较流行的吸粉方式，也是各大主播都比较钟爱的方式。在很多主播的直播间，抽奖送礼物是基本惯例。有些主播会在刚开播时就抽奖送礼物，也有一些主播会在向粉丝推荐完产品后抽奖送礼物。抽奖送礼物可以调动粉丝的情绪，让粉丝获得实在的回馈，因而深受粉丝欢迎。不过，在抽奖送礼物时需要注意一点，即抽奖最好不要设置门槛，有些主播在抽奖环节喜欢设置门槛，如中奖者需要邀请10个好友关注才能领奖等，这样很容易引起粉丝的反感，甚至迫使粉丝放弃领奖并取消对主播的关注。

◆ 秒杀活动

秒杀活动是商家和消费者非常熟悉的一种活动形式。一般来说，商家在打造直播间初期会频繁地开展秒杀活动，以快速促成流量向成交数据转化。秒杀活动需要注意的事项：秒杀产品一定要保证质量，且必须与正价购买的产品一致，否则就可能伤害到粉丝的内心，导致脱粉。另外，直播也不宜频繁举办秒杀活动，有些商品可能是打折卖给老顾客的，而频繁举办秒杀活动可能会以更低的折扣将商品卖给新客户，这会引致老顾客心理不平衡。

◆ **优惠券**

直播间最大的特点是产品有优惠，保证粉丝通过直播链接购买商品一定比直接去店铺购买更便宜，这也是吸引粉丝的重要手段之一。需要注意的是，商品优惠券的发放和领取不宜太复杂，否则可能会让粉丝感到麻烦，放弃购买。

粉丝需要长期培养，所以，主播通过营销手段增加粉丝后，还需做好后期的维护工作。更重要的是，直播销售的产品在质量上一定要过关，否则，主播一旦失去粉丝的信任，再多的营销手段也难以挽回。

罗永浩直播带货1.4亿元的启示

2020年4月1日晚8点，锤子科技创始人罗永浩在抖音平台开启带货直播首秀。此次带货直播历时3小时，同时在线观看人数最高达300多万，累计观看人数超4800万，直播产品涵盖科技数码、食品饮料、日用百货三大品类，共23款产品，最终销售总额高达1.4亿元，粉丝打赏收入超过600万音浪。

作为新人带货主播，罗永浩的直播首秀无疑是成功的。那么，罗永浩的第一次直播为什么能取得如此大的成功呢？我们应该从哪些层面吸取经验呢？

◆ 制造冲突感、戏剧感

罗永浩原是锤子科技的CEO，2020年3月19日，他在微博宣布进军直播电商领域。消息一出，罗永浩的粉丝们纷纷感到意外。一位CEO摇身一变成了带货主播，这种强烈的反差带给人们巨大的心理冲击，同时也兼具强烈的戏剧感。罗永浩在微博上的预热非常成功，当晚就上了微博热搜，各大媒体争相报道，赚足了关注度。不久，罗永浩与抖音达成合作，并于3月27日在微博上官宣了这一消息，双方将直播时间定在了4月1日晚上8点。

之后，罗永浩在微博积极地为自己的直播铺路。这时，联想像是在蹭热度一般开启了一场"转发+抽奖"的活动，很多人认为联想只是在蹭罗永浩的热度，然而，最终联想竟成了罗永浩第一个官宣带货的品牌。

◆ 品牌/名人背书

如何才能打开消费者的钱包呢？第一步无疑是取得消费者的信任。所以，罗永浩在直播刚开始就反复强调，本次直播选取的都是国际知名品牌的产品，这样可以确保产品不出现售后问题。同时，罗永浩对产品的介绍也非常讲究技巧，他非常注重利用权威机构、名人等来增加粉丝的信任感。

例如，罗永浩在介绍极米投影仪时强调"这款产品在2018年、2019年获得过中国投影机市场销量的第一名"；在向粉丝展示小米10 pro智能手机时介绍"这款手机获得了DXOMARK总分第一名"；在推荐每日黑巧巧克力时表明"这是天猫黑巧克力品牌Top3"。

◆ **善用类比，描述产品性能**

罗永浩在介绍小米巨能写中性笔时所用的技巧令人叹为观止。一般来说，人们在介绍这款产品时通常会从它的工艺入手，如"拥有3.92毫升的储墨量，采用了德国贺利氏碳化钨球珠、日本MIKUNI速干油墨……"这种推荐方式虽然可行，但不够巧妙，不能将商品的优点形象、具体地展示出来。而罗永浩在介绍这款中性笔时用人们熟知的事物做类比：

"这支笔顺着跑道笔直地画，能画1600米"；
"一盒总共有10支，都够手写完一本《小王子》了"；
"这可能也是很多人一辈子手写的量"。

◆ **打造使用场景，直击用户痛点**

罗永浩推荐商品的高明之处在于，他总是能针对消费者的痛点，为他们打造一个"不得不用"的使用场景，从而打消消费者不购买产品的念头。例如：

罗永浩向粉丝推荐搜狗AI录音笔S1时，描绘了这样一个使用场景："当你采访时、上课时，可能这边刚结束录音，然后文本就转出来了，岂不是大大提高了工作、学习的效率？"这种为记者、律师、学生等群体量身打造的录音笔，配上罗老师描绘的使用场景，往往能使消费者欲罢不能。

罗永浩在介绍每日黑巧巧克力时打造了一个这样的使用场景："减肥的时候又想吃巧克力的首选！"而这同样令粉丝们难以抗拒。

◆ 接地气、说人话的文案风格

罗永浩对直播带货这种销售模式具有深刻的理解，在他看来，在与消费者直接互动的过程中，说出的话一定要接地气，文案风格一定要贴近消费者的网络生活，只有这样才能拉近与消费者的距离。所以，在整个直播过程中，特别是在揭晓产品价格前，他总是避免使用晦涩难懂的专业词语，运用一些非常接地气的文案，如"难以置信的是""真正惊人的是""不可思议的是"来吊足粉丝的胃口。

◆ 如何让消费者迅速做出购买决定

一些消费者会经常对主播说这样一句话——"下次一定买"。主播的努力让粉丝有了一定的购买欲，却无法真正成交，这是非常令人"抓狂"的一件事。那么，如何让粉丝不再犹豫，果断下单购买产品呢？这就需要运用以下营销策略：

（1）难以拒绝的低价促销。

在罗永浩眼中，电商直播就是一场超级大团购，它具有三个特点：限时、限价和限量。而在这样的团购活动中，商品的性价比一定是首先考量的要素。罗永浩也在预热阶段坦言："性价比一定是我们选品的重要考量之一。"所以，罗永浩在直播中反复强调自己这里的商品是全网最低价，为了证明这一点，他甚至向粉丝公布了与品牌方争取低价的聊天记录。罗永浩以令人难以抗拒的低价促销，不仅获得了粉丝们的信任，还为自己赚足了口碑。

（2）限时限量销售。

限时限量销售属于"饥饿营销"策略。在消费者陷入犹豫不决时，利用"限量定制""限量抽取20名下单用户赠送中国电信尾号为666/888的手机靓号""只有在我们直播时才给的价格"等刺激性语言，让消费者打消疑虑，快速抢购。

Part 3

文案引流

第 7 章

拆解套路：揭秘爆款文案5大类型

情怀型文案：激发用户共鸣

在供给远大于需求的产能过剩时代，营销推广在企业生存发展中扮演的角色越发关键，各种类型的推广文案大量涌现，对营销人员的文案策划及运营能力提出了更高的要求。

从用户角度来看，可供选择的文案越来越多，但时间与精力相对有限，所以在阅读时会自动选择那些符合个人兴趣或需求的文案，导致有相当数量的推广文案无法达到预期的推广目标。

对营销人员来说，熟悉各种类型的文案，了解其创作技巧与传播逻辑，是长期创作出优秀文案的重要基础和前提。文案有多种分类方式，根据内容表现形式，可以将文案分为情怀型文案、功能型文案、故事型文案、自黑型文案与互掐型文案5大类型。下面首先对情怀型文案进行简单分析。

情怀是一种高尚的心境、情趣和胸怀。随着生活节奏越来越快，人们承受着来自家庭、工作等诸多方面的压力，对绝大部分人来说，诗和远方逐渐变得遥不可及。但越是无法得到，人们对其的追求就越发强烈。情怀型文案就是利用了人们对理想、爱情、幸福、童年、未来、自然等方面的追求，采用图文结合或者视频的形式直击受众内心，引发受众的情感共鸣，从而刺激冲动消费及口碑传播。

以苹果公司的主题海报Think Different为例，尽管这则广告已经过去20多年，但仍值得国内营销行业的从业者学习借鉴。该广告向人们介绍了莫罕达斯·卡拉姆昌德·甘地、穆罕默德·阿里、巴勃罗·毕加索、阿尔伯特·爱因斯坦、马丁·路德·金等具有远见卓识但又特立独行的伟人。起初，他们的观点并不为世人所接受，但最终都深刻影响甚至改变了世界。Think Different主题海报如图3-1所示。

图3-1　Think Different主题海报

苹果公司通过这些人物的事迹引出创新、变革等概念，告诉人们他们正在做的就是这样一番伟大的事业。这个广告就是在贩卖情怀，苹果公司也正是通过一系列情怀型文案逐渐在用户心中树立了创新、与众不同的品牌形象，在全球范围内沉淀了海量忠实粉丝。

人都有情怀，情怀营销已经成为一种非常流行的营销方式，被越来越多的企业采用。在此形势下，情怀型文案层出不穷，陷入了严重的同质化竞争困境。此外，并非所有的营销场景都适合讲情怀，如果品牌强行开展情怀营销，很容易给用户留下无病呻吟、矫揉造作的不良印象。从诸多实践经验来看，情怀型文案更适合用来传递企业或品牌文化、价值观，塑造品牌个性与形象。

功能型文案：挖掘产品亮点

功能型文案强调围绕产品的性能、质量、功能、包装等要素，描述产品能够解决哪些用户痛点，以直观明了的方式将产品的核心卖点呈现在用户面前，从而赢得用户的认可与信任。

功能型文案往往可以让企业的产品和市场中的同类竞品形成较高的区分度，强化用户对产品或品牌的认知，逐渐将用户转变为企业的忠实粉丝。

以格力为例，格力空调文案"格力，掌握核心科技"就是功能型文案的经典之作。通过该文案，人们可以很自然地想到格力空调在产品研发、生产、组装等方面的领先优势，从而对其产品质量产生较高的认可。

当然，格力本身强大的研发能力为其使用这种文案提供了强有力的支持。格力在新型超高效定速压缩机、高效离心式冷水机组、新一代G10低频控制技术等领域处于世界前列，是"格力，掌握核心科技"最有力的证明。但如果企业不具备这种优势，营销人员为了博人眼球而弄虚作假，在信息实时、高效传播的移动互联网时代，这种谎言很快就会被拆穿，不仅无法为企业创造价值，还会给企业形象带来负面影响，甚至引发信任危机。

从诸多实践经验来看，功能型文案尤其适合新产品（包括开发出新功能的迭代产品），以及那些具有独特优势的产品。

现代广告教父大卫·麦肯兹·奥格威（David MacKenzie Ogilvy）为劳斯莱斯新款汽车创作了这样一则广告文案，广告标题为"这辆新型'劳斯莱斯'在时速九十六公里时，最大闹声是来自电钟"，广告正文从引擎、车身、座椅等方面详细介绍了这款新型汽车，用翔实的数据和专业的语言获得了用户的信任。

使用功能型文案时，营销人员需要提炼出目标用户最关心的产品卖点，如果可以提供具体的数据或场景，将更加有助于赢得用户的信任。

故事型文案：感染用户情绪

故事型文案强调通过在文案中描述一个吸引人的故事，在不知不觉中影响用户的消费决策。与枯燥乏味的说教、论证相比，人们更愿意阅读那些情节跌宕起伏的故事。网络小说、综艺节目、电影、电视剧等内容之所以能够受到广大民众的青睐，与其故事性存在密切关联。

为了确保用户体验，故事型文案的字数不宜太多，不能像小说、影视剧一样用较多篇幅描述故事背景，涉及的人物、场景相对有限。故事型文案可以用真实故事，也可以用虚构故事，想要让故事有吸引力，关键在于把握用户心理。

例如，通过设置悬念引发用户好奇心，促使用户读完整篇文案；通过情节的转折，引出既在意料之外又在情理之中的结果，给人留下深刻印象；以写实的手法让读者产生代入感，从而影响其消费决策。

奥美公司为统一旗下的咖啡品牌左岸咖啡创作的《上帝、彩票、盲乐师》就是一个典型的故事型文案，该文案通过描述"我"在咖啡馆内听到一位邻桌客人向侍者打听盲乐师的致盲经历，以及盲乐师和侍者的简短互动，让读者震惊于这位盲乐师的乐观人生态度的同时，也被左岸咖啡的人文关怀及执着精神所感动，有效提高了左岸咖啡的品牌影响力。

漫画形式的故事型文案也较为常见，不需要使用太多的文字描述，让目标用户在看漫画的过程中就能了解相关信息。从整体来看，故事型文案的应用场景和情怀型文案较为类似，比较适合用来传播企业文化、价值观，塑造企业个性与形象。

自黑型文案：善用逆向思维

自黑是一种境界，也是一种沟通方式，在文案中适度地自黑可以给人带来快乐，提高文案的趣味性。以自黑的方式创作文案，从打破常规的视角营销推广，可以缩小企业和用户之间的距离，有助于企业和用户建立良好的信任关系。有些营销人员用恶搞或卖萌的方式创作文案，在传播信息的同时，帮助用户缓解了生活与工作中的压力。

事实上，当人们习惯了阅读从正面称赞产品及品牌的推广文案时，面对自黑型文案，会产生眼前一亮的感觉，快速产生阅读兴趣。

营销人员创作自黑型文案时，首先要放低姿态，敢于自嘲甚至"自毁"。首先介绍产品的独特之处或者不重要的缺点，然后以转折的形式引出产品的核心优势。

以大众甲壳虫汽车为例，海报中有一个外表丑陋的探测器，下方配了一行文字——"It's ugly, but it gets you there"（它很丑，却能载您到目的地），如图3-2所示。用外表并不美丽但却能帮助人类探索广袤无垠的宇宙探测器，类比模样丑陋但驾驶便利的甲壳虫汽车，给用户留下了深刻印象。这则文案被视为自黑型文案的经典之作。

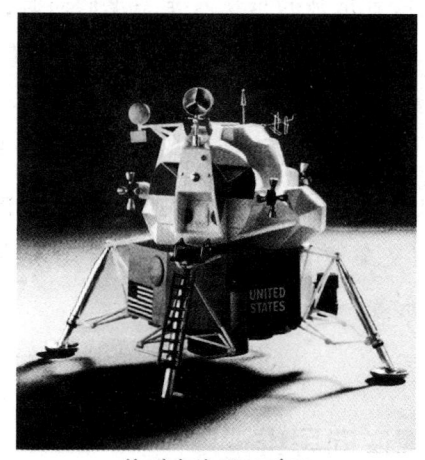

图3-2　大众甲壳虫汽车的海报文案

互掐型文案：引爆话题热度

近几年，互掐型文案得到了广泛应用。当然，此处的互掐型文案是指双方甚至多方实现合作共赢的文案，不是为了达到自己的商业目的抹黑竞争对手的文案。互掐型文案通常是某企业在文案中提及竞争对手，并将二者进行直接或间接对比，后者不甘示弱，迅速推出反击文案，从而引发"口水战"。

温和、有度的互掐型文案能够实现合作共赢，有助于在产业内构建良性竞争生态。互掐的真实目的不是为了打击竞争对手，而是将话题炒热，趁机推广自己的产品及品牌。

例如，Jeep推出的"每个人心中都有一辆Jeep"的系列海报中，分别用"大众都走的路，再认真也成不了风格""人生匆匆奔驰而过，别再追问我的消息""即使汗血宝马，也有激情退去后的一点点倦"，对三大友商大众、奔驰、宝马进行"抹黑"。

宝马率先反击"越过山丘，才发现你已跟丢"，接着奔驰推出"越尽山丘雪峰，才发现你们都已经回家大修"，最后是大众推出"有人追求风格，有人已有格局"，迅速引发了"山丘体"文案互掐大战。随后，路虎推出文案"越过山丘，才发现你已掉进沟"、雷克萨斯推出"越过山丘，才发现你已没油"、奥迪推出"越过山丘，才发现你没quattro"等。从文案来看，这些品牌之间并没有真正进行恶意攻击，反而在多方参与下引发了广泛热议，实现了合作共赢。

"宝马中国"和奔驰在2016年里约奥运会期间的相互感谢文案，同样产生了良好的传播效果，首先是"宝马中国"在官方微博发文"最伟大的成就是与最伟大的对手并肩拼搏。今天，致最好的朋友！@梅赛德斯-奔驰"，接着奔驰几乎在同一时间进行回应"最伟大的比赛是和最伟大的对手一起创造。今天，致最好的对手！@宝马中国"。这种合作共赢的互掐型文案给人们带来了诸多乐趣，很容易形成口碑传播。

第 8 章
直击痛点：抓住用户的"5秒法则"

认知对比：抢占用户的心智

在现代社会，随着生活节奏及工作节奏的不断加快，信息越来越多，用户的注意力愈加分散，这给文案创作者提出了更高的要求，如果文案无法在5秒内成功吸引用户，就无法展开后续的运营工作。为此，营销人员需要直击痛点，充分发挥自己的想象力及创造力，迅速吸引用户的目光。

痛点文案具备哪些特征才有可能迅速抓住用户呢？具体分析如下：

- 能够从用户角度出发考虑问题。
- 了解用户的认知。
- 切入用户场景。

- 把握用户的行为习惯。
- 了解用户的阅读习惯。
- 有效的情绪抒发。

营销人员在设计痛点文案时应该从哪些方面切入？从用户的角度出发进行考虑，用户会对什么类型的内容产生期待？在文案撰写的准备阶段，营销人员应该重点考虑以下几个方面的问题：

（1）此文案能够让用户产生何种认知。

（2）此文案能够让用户产生何种情绪。

（3）此文案能够激发用户的哪些欲望。

在设计文案时，营销人员应该考虑文案内容会让用户产生何种认知，并衡量这种认知是否与运营方的期待一致。简单来说，就是用户在浏览文案内容时能够从中获得哪些信息。

以铸铁牛排锅为例，来分析不同的广告文案产生的不同效果。美国某铸铁牛排锅品牌文案如图3-3所示。

图3-3　美国某铸铁牛排锅品牌文案

在上述这则广告中,文案信息着重强调铸铁牛排锅的产地、品牌历史,如"美国制造 百年品牌",这种文案通常无法给用户留下深刻印象,用户产生的认知也不符合运营方的期待。

网易严选某铸铁牛排锅广告文案如图3-4所示。

图3-4 网易严选某铸铁牛排锅广告文案

该文案的图片不仅展示了铸铁牛排锅本身,还搭配以精选的食材、餐具,锅中是已经煎好的牛排。图片下方配以这样的文字"铸铁源源不断的热量,曼妙的美拉德反应,为牛排催生出100多种肉香,粗海盐区分了层次感,出锅时油已被沥干,这是星期五犒赏自己的晚餐"。相较之下,这种文案更能够激发用户的联想,让用户对使用这款铸铁牛排锅煎牛排产生心理期待。

Part 3 文案引流
第8章 直击痛点：抓住用户的"5秒法则"

下面，我们从3个维度来探究用户对广告文案产生的感知，如图3-5所示。

图3-5 用户对广告文案的3个感知维度

◆视觉化

从人类长远的进化历程来看，在长达1000万年的历史中，人主要通过肢体语言、声音、表情与他人进行交流互动。在这个过程中，人类对视觉化信息的识别能力不断提高，敏感度不断增强。

在这方面最具代表性的当属马丁·路德·金的演讲《我有一个梦想》。在谈及种族歧视问题时，他为听众描述了如下场景：

"100年后，黑人依然没有获得自由。100年后，黑人依然悲惨地踽踽于种族隔离和种族歧视的枷锁之下。100年后，黑人依然生活在物质繁荣瀚海的贫困孤岛上。100年后，黑人依然在美国社会中间向隅而泣，依然感到自己在国土家园中流离漂泊。"

这段文字描写以直观的场景表现了黑人遭遇的不公平待遇，让人们能够感受到美国存在的严重的种族歧视问题，进而产生震慑人心的力量。如果营销人员能够在制作文案内容时选择视觉化语言，就能在很大程度上降低大脑分析信息的难度，提高受众对文案内容的接受度。

◆采用对比

人类大脑对数字信息的敏感度比较低，对此，文案创作者应该采取有效措施来提高用户对这类信息的理解能力。因为用户无法在短时间内识别到数字信息蕴含的实际意义,在文案需要展示产品参数、性能时,如何降低用户的理解难度,提高其对信息的接受度呢?

采用对比是一个不错的方法。对比能够帮助用户迅速做出判断,让他们理解数字信息表达的真实意义。超市、商场的折价标签是比较常见的例子。例如,某床上用品在折价签上写明"原价369元,现价199元",通过打折前后的价格对比向消费者说明此次优惠力度之大,从而引发消费者的购买冲动。所以,文案创作者要想着力表现产品优势,可以选择一个特定的参照物,采用对比的方式来表现。

◆贴标签

如果产品本身的知名度比较低,在进行推广时,首先应该让用户明确产品类别及其价值所在。在创作痛点文案时,首先要抢占用户心智,准确向用户传达产品的相关信息。因为人类在看到某种事物后,会迅速通过大脑做出最初的判定,对产品类别进行快速识别。因此,痛点文案在贴标签时,要明确向用户传达产品所属类别,方便用户迅速对产品做出初步判断。在这个过程中,文案创作者可以着重表现产品亮点。

调动情感:增强文案代入感

广告文案能够激发用户的某种冲动,而文案创作者要做的是保证这种冲动符合运营方的期待。文案除了能够调动用户认知以外,还会让用户产生某种情绪。研究表明,情感因素与理性判断在人们的消费决策和行为中具有同等重要的作用。因此,如果文案内容能够走进读者内心,激发他们某方面的"情",就很容易引发转发、评论、购买等行为,达到预期的营销目的。

以职场培训课程推广为例,有以下三种文案:

- 系列职场培训课程,只要40元。
- 一场电影的价格,就可以让你学习到职场前三年的经验。
- 看一场逻辑混乱的电影烂片都要花40元,或者,你可以用这40块钱学习职场前三年的经验。

在上面三种文案中,第一个文案很难激发用户共鸣,第二个和第三个文案融入了用户熟悉的情景,赋予了冷冰冰的价格信息一定的情感意义,能够让用户产生共鸣,且第三个文案激发的用户共鸣比第二个文案更强烈。

◆ 调动用户情绪

(1)贴近现实,接地气。要想调动受众的情绪,就要体现出文案的代入感。具体如毕业季的离别伤感、对童年生活的怀念、渴望梦想实现等。为此,文案内容应该贴近现实,能够让用户产生情感共鸣,拉近彼此之间的距离。

(2)善用第一人称。能够激发用户兴趣的事物无非两种:与用户本身有关的事物;符合用户喜好的事物。与第三人称相比,第一人称能够表达主观感受,将用户的情绪及情感诉求更加充分地表达出来。所以,在拉近用户与产品距离方面,第一人称比第三人称更具优势。

(3)呈现落差感和惊喜感。落差感可以促使人们奋进,惊喜感能够让用户更加积极,这是两种截然不同的情感,却都可以带动用户情绪,提高文案的感染力。

◆ 呈现痛点要精准、简洁

用户的精力有限,文案内容过长无疑会增加阅读成本。因此,当文案营销人员在表现产品属性或用户痛点时,应该尽量以精准、简洁的文字直击用户心灵。有些文案篇幅很长但缺乏关键点,有些文案富有趣味性但缺乏内涵,有些文案情感饱满但表达方式太通俗,这些都会影响文案最终的呈现效果。因此，在进行文案创作时，相较于表达形式，对主体准确、全面地展示才是关键。

◆ 避免过度强调产品优势

在文案中展示产品优势十分必要，但如果超出合理范围，就很容易降低用户的代入感。因此，创作者不要盲目夸大产品的优势，应该着眼于用户的隐含痛点，从侧面出击开展营销推广。

以减肥产品为例，大多数商家都将重点放在减肥效果，及减肥给用户带来的益处方面。如果商家能够转化思维，说明"肥胖"对人们的负面影响，则更容易打动用户。

◆ 情感要素与产品定位相匹配

如果产品在前期运营过程中并未结合情感要素，或情感要素脱离了产品定位，无法让用户产生代入感。只有文案主体本身具备故事性，足以从情感层面打动用户，才能通过文案向用户传达特定的情怀。

举例来说，坐落在街角的老菜馆，墙上以图文形式记录着该店的发展历程及相关的趣事，能够带给消费者别样的体验。但如果是现代化的餐厅，以同样的方式吸引顾客，则很难达到理想的效果。因为文案内容不符合店内氛围，无法从情感上打动用户。

由此可见，文案创作者需要注意一点，虽然故事具有较高的价值，但也要考虑商家的定位及风格，文案情感应该与内容保持一致。

激发欲望：洞察人性的弱点

《创新广告》的作者尤金·舒瓦兹认为，广告文案不能直接促使用户购买商品，而是激发用户内心的欲望，具体如希望、梦想、渴望等。文案创作者需要做的是，将原本存在于用户内心的欲望与商品联系起来，让人们在消费商品的过程中获得满足感。

◆明确用户的核心欲望

人们的购买行为是受某种欲望驱动的，因此一个好的文案首先应该明确目标受众的核心欲望。需要注意的是，文案的价值并不在于创造欲望，而是将人们心中已有的欲望移情到特定产品上，并通过文案内容将这个欲望放大，以此激发人们的购买冲动。

文案创作者或者内容运营人员不能想当然地认为自己了解目标用户的欲望，而是要通过数据分析、评论反馈、访客调研等科学的方法精准地把握用户的核心诉求，并据此进行文案创作，有效触发购买行为。具体来看，文案创作者可以采取以下几种方法来挖掘用户的核心欲望：

（1）挖掘评论。使用用户语言撰写广告文案，有利于拉近与用户的距离，让他们产生亲近感，甚至形成强烈的情感共鸣，从而提高文案的吸引力和说服力。当然，这需要文案人员准确把握用户的想法。对此，文案人员可以通过深挖评论实现用户洞察。例如，一名文案人员通过分析亚马逊平台相关产品的评论挖掘客户想法和需求，并将这些内容融入自己的广告文案，最终借助这一策略从每位客户那里获得了超过20%的引流。

（2）调研用户。如果企业拥有较为稳定的客流量，则可以通过调研的方式挖掘用户需求。需要注意的是，用户调研最好设计一些开放式问题，给用户充分的表达自由和空间，以获取更多用户信息，例如，"我们能帮助您解决的最重要问题是什么""对于××您认为最理想的解决方案是什么""您对于购买我们的产品有什么疑问"等。

◆ **承诺可以满足用户的欲望**

明确了用户的核心欲望并将其聚集在产品上之后,接下来就要在文案中承诺可以满足他们的欲望。在这一环节,文案人员应把握两点:一是聚集到产品上的欲望代表了绝大多数用户的需求;二是这个欲望自己可以满足,竞争对手无法满足。

在撰写文案时应使用用户语言准确描述用户欲望,并承诺可以满足其欲望。为了让自己的承诺更具吸引力和信服力,文案人员可以采用以下方法,如图3-6所示。

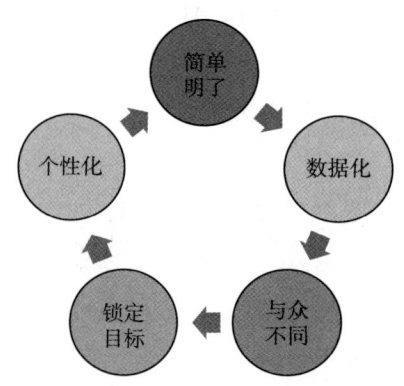

图3-6　描述用户欲望的文案写作技巧

(1)简单明了。文案广告向客户的承诺应该简单明了,不要使用花哨的语言,应该直截了当地向用户表明承诺是什么,自己有什么,如何实现。

(2)数据化。与空洞的文字描述相比,直观的产品数据更容易增强文案的说服力,让访客信任并购买自己的产品或服务。例如,37Signals公司旗下一款基于云服务的项目管理软件Basecamp的文案广告"经过12年的运营,有超过10万家公司已经接受了Basecamp的运营模式",通过列举数据获取了用户信任，吸引更多客户购买和使用这款管理软件。

（3）与众不同。即在文案中表明自己的独特优势，可以是产品本身与众不同，也可以是整个产品价值链中的某个环节（提供产品的方式、售后服务等），如"全美最健康的杂货商店"这一文案，"最健康"就会给客户留下深刻印象。

（4）锁定目标。在文案中直接表明自身的目标服务群体。

（5）个性化。在文案中与用户沟通直接使用"你""你的"，就像与朋友交流一样，赋予文案人性化和个性化的特质，如万事达卡的经典广告语"It's everywhere you want to be"（"你想去哪就去哪"）。

痛点文案的用户接触点设计

要想让痛点文案发挥出应有的效果，运营人员必须知道用户能够在哪些地方接收到文案内容，据此深挖痛点文案的价值。按照媒介性质来划分，痛点文案与用户的接触点包括两种：一种是互联网行为接触点，另一种是传统媒体行为接触点，前者如贴吧、微博、QQ空间等，后者如报纸、广播、电视等。

◆航空公司的用户接触点设计

下面我们以航空公司为例，对痛点文案与用户的接触点进行具体分析。首先将客户接触过程分成如下几个环节：购买前、购买中、购买后、旅行前、旅行中、旅行后，并对各个接触点进行具体分析。

（1）体系化设计接触点。航空公司客户接触环节及接触点如图3-7所示。

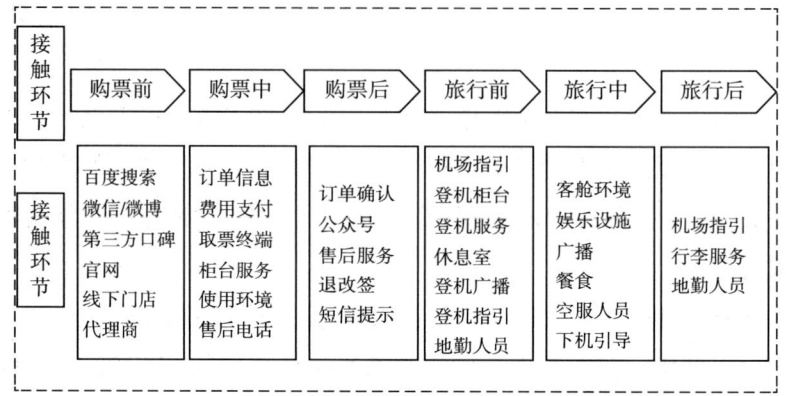

图3-7 航空公司客户接触环节及接触点

通过聚焦不同的接触环节,能够挖掘出每个环节下隐藏的客户接触点。通过对各个接触点上的客户接触行为、接触过程进行管理,能够逐步增进企业与用户之间的关系,优化企业的商品及服务提供。

在分析各个客户接触点的基础上,从客户角度出发进行文案设计,进而完成各个阶段对应的痛点文案。

(2)分析各环节的客户接触点。在互联网及移动互联网普遍应用的今天,用户可通过多种方式购买机票,具体包括移动平台、网站、推广平台等。具体而言,客户接触渠道及其对应的接触点如表3-1所示。

表3-1 客户接触渠道及其对应的接触点

渠道名称	文案展示形式	文案关键指标
第三方平台	广告图片、软文	吸引用户点击了解详情
航空公司官网		刺激用户购买
航空公司公众号或合作公众号	原创文章、H5	提升品牌与用户黏性
百度搜索	竞价排名或者SEO	吸引用户注意信息点击查看
电梯广告	广告栏	了解品牌参与活动
宣传资料	海报/DM单	关注公众号了解品牌

在明确各个渠道对应的客户接触点之后，能够围绕航空公司的整体营销目标制作痛点文案，与此同时，要了解各个接触点上的用户积累情况及转化情况，据此完善痛点文案的内容。

用户可能在微信朋友圈、公众号、微博、淘宝展示界面看到广告文案，也可能在地铁、电梯、公交站等场所看到广告文案。在不同的场景下，用户阅读文案的时间不同，付出的行动成本、决策成本也不同，在制作痛点文案时要区分对待。

以机票为例，这类产品需要用户付出数百乃至上千元的决策成本。对于这类产品，文案创作者要将各个渠道接触点打通，引导用户从当前场景进入下一个场景，逐步提高用户的参与度，在这个过程中完成用户转化。

（3）与竞争对手对比分析。客户接触点竞争对手对比分析如表3-2所示。

表3-2 与竞争对手对比分析

渠道名称	客户接触点	本公司	竞争公司
购物前	第三方平台		
	航空公司官网		
	航空公司公众号或合作公众号		
	百度搜索		
	电梯广告		
购物中	电话服务		
	服务人员		
	网站		
购物后	支付		
	退改签		
	确认		
旅行前	候机指引		
	候机服务		
	服务柜台		

续表

渠道名称	客户接触点	本公司	竞争公司
旅行中	登记指引		
	客舱服务		
	广播		
旅行后	落地指引		
	出口指示		
	行李服务		
	反馈渠道		

在与竞争对手进行对比分析的过程中,企业能够充分了解自己在各个接触环节存在的优势与不足,清楚地认识到自身的系统化文案在各个接触点的具体效果,在综合考虑多方面因素后找出具有核心作用的客户接触点,根据企业产品及服务性质突出文案的独特优势。

◆ **痛点文案与用户的接触点有哪些**

痛点文案撰写最主要的工作就是明确用户接收的信息类型及接触点,此外,还要对文案进行审核,通过自检保证文案质量,提高用户对文案内容的接受度,使内容设计符合用户的阅读习惯,从而在迅速吸引用户目光后,进一步提高用户黏度。文案自检清单如表3-3所示。

表3-3 文案自检清单

项目	检测内容	细分说明	是否做到
被用户关注	与我相关	是否符合用户自己的切身利益	
	反差信息	你的信息与消费者平时接触的信息,有什么令人惊讶的反差吗	
		读者在阅读每一句文案之后,内心会产生什么疑问	
		后面的文案写什么,才能对这句话引发的疑问进行解答	

续表

项目	检测内容	细分说明	是否做到
提升阅读流畅度		你的文案，能否对之前的信息加以承接，或是对之后的信息予以铺垫	
	塑造形象	每个人都渴望在社交时塑造并强化自己的正面形象	
	社会比较	每个人都有和他人比较的心理，因为通过比较，我们可以更好地确认自己的地位，展示自己的与众不同	
文案的策略性	是否战略聚焦	记住原则：战略的第一步是放弃	
	是否找到了关键竞争对手	原则：搞清楚谁是我们的敌人，在文案中我们要反对的究竟是谁	
	是否扬长避短	原则：发挥自己的长处，在对自己有利的战场作战，而不是去挑战敌人的长处	
	是否战术协同战略	原则：如果确定了某个战略，那么你的一切文案都应该围绕这个战略来进行	

综上，我们可以将痛点文案的设计及制作划分为以下3个阶段：

第一阶段，立足于用户认知、情绪体验、核心欲望对痛点文案进行初步设计，从用户角度出发，为痛点文案的制作奠定基础。

第二阶段，根据文案制作与传播流程，对文案与用户的接触点进行梳理，充分了解用户接触文案的各个渠道，从整体角度出发进行痛点文案设计，并逐步完善。

第三阶段，文案制作结束后，利用自检清单加以优化，根据用户的阅读习惯对文案内容进行调整、优化，让用户在顺利度过初期的5秒之后，能够继续阅读下去。

第 9 章
爆款运营：从"吸睛"到"吸金"

创作思路：爆款文案"三部曲"

◆提炼文案元素

在创作文案的过程中，提炼文案元素是非常重要的一环。在某些情况下，文案元素甚至能够对文案的整体效果产生关键性影响。

要想创作一则优秀的产品文案，文案人员必须对产品进行全方位把握，如果只凭借自己的想象来描写产品功能，很难达到预期的传播效果。要想让文案真正打动用户，文案创作者必须对文案传播对象进行充分把握，用文字引发他们的情感共鸣。

通常情况下，文案元素包括：产品核心功能、产品基本定位、产品受众群体、产品的解决痛点、产品推广相关的背景要素（包括政策、节日等）。下面，以"脉动"与"江小白"的文案为例进行具体分析。

【脉动文案】五一劳动节，让我们脉动起来

"活力"是脉动主打的定位。

文案创作及产品的营销背景为五一劳动节。

脉动的目标消费者为"我们"。

"脉动"也是一个医学名词，作为该产品的名称，起到一语双关的作用。

"脉动起来"综合考虑写作背景，表现了产品的功能。

"让我们脉动起来"结合文案创作背景，表明产品能够让人们在劳动节放松身心，活力充沛。

【江小白文案】最想说的话在眼睛里、草稿箱里、梦里和酒里

"情感"是江小白的文案定位。

"最想说的话"表明该文案面向存在倾诉需求的用户。

"在眼睛里、草稿箱里、梦里"：在情感层面，该文案用眼睛、草稿箱、梦里这几个具体意象表现人们的倾诉需求，以及城市生活的孤独、困顿。

"酒里"：点明文案主体，实现文案主体与文案场景的深度结合，意在向用户表达该主体能够满足用户的核心需求，让用户在喝酒、与朋友相聚的过程中倾诉自己的内心感受。

总结"脉动"与"江小白"的文案可知，要想创作一则优秀的文案，就要对文案元素进行全方位把握，进而对核心要素进行提炼，综合考虑文案背景进行内容描述。如果文案创作者缺乏具体执行思路，可以从文案元素入手，逐一攻克各个节点的问题，最终形成完整的文案。

◆ **组合文案元素**

文案创作者在完成对文案元素的提炼之后，接下来就是组合文案元素。在这个过程中，文案创作者应该围绕产品的推广目的，综合考虑产品的品牌要素、写作背景、产品形象等内容，在结合热点的同时，注重打造良好的口碑。

因此，在组合文案元素的过程中，明确文案定位是核心环节。举例来说，推广互联网产品的文案可以选择娱乐化、科技化的定位，文案创作者可以充分发挥想象力，但不能降低整体档次。

另外，文案要明确展示产品的功能，不能只注重情景化表达，忽略了实用性价值的呈现，以免让用户对产品定位感到困惑，或者让用户产生不满情绪。

◆ **表白文案内容**

在进行文案创作的过程中，文案内容的设计既简单又复杂。之所以说这个环节简单，是因为运营人员在这之前已经做好了铺垫工作，只需要以文字形式呈现出来即可。但要想让文案内容被绝大多数用户接受，并不是一件容易的事情。

创作者既要实现文案内容的精准传达，又要让用户产生代入感。对于缺乏经验的文案创作者来说，应该尽量简化内容形式，创作直白的文案，降低用户的理解难度，准确感知用户的情绪反应。

因为情景化文案可能导致创作者对文案的理解与用户对文案的理解出现偏差，也就是说，这种文案可能会让内行人产生代入感，但无法让大众产生同样的感受。所以，为了能够做到精准传达，在必要的情况下，文案创作者应该果断放弃情景化文案，使用直白化表达。

另外，文案的表达形式无须过于精美，只要顺畅即可；内容也无须隐藏太多内涵，以便于用户理解。与此同时，文案创作者要根据产品定位遣词造句，因为如果文案内容朗朗上口，就更容易在大范围内传播。

选题策划：深刻洞察人性弱点

任何时代，评价一篇文章的质量都有四大标准，分别是情感是否真挚、语言是否通顺、观点是否鲜明、逻辑结构是否富有层次。但自进入互联网时代之后，在点击链接的内容呈现方式和用户快餐式内容阅读习惯的影响下，内容表现出了一些独有的特点，这些特点不仅体现在上述四大标准方面，还表现为内容创作者通过分析用户心理调整文章选题、主体结构和文章标题，增强对用户的吸引力，引导用户收藏、分享，实现二次传播。

洞察指的就是洞察人性，这里的人性指的是用户的爱心、怜悯心、感恩心、同情心、责任心、勤劳、勇敢、善良、宽容、妒忌、傲慢、贪婪、懒惰等。选题洞察指的是内容运营人员在选择内容时要对特定用户的心理诉求进行详细揣摩，抓住关键点，创作出能击中用户痛点的内容。要想做到这一点，内容运营人员首先要对用户进行细分，让内容选材与目标用户的需求保持一致，选择目标用户感兴趣的内容进行创作。

内容运营人员要想深入洞察用户，精准把握用户需求必须采取以下三大措施：第一，内容运营人员必须对用户年龄、职业进行分析；第二，内容运营人员要观察外部环境，寻找可以借势的热点话题；第三，寻找一个可以和用户、产品相结合的切入点，对内容进行发散性构思。

◆ 洞察用户心理需求，持续挖掘

（1）通过与目标用户的日常聊天发现用户普遍存在的心理诉求。

（2）紧扣目标用户的诉求，借话题与目标用户展开讨论，对观点进行验证，并搜集、充实素材。

（3）对素材进行整理，明确核心观点，将其整理成文章。在这个过程中，洞察特定用户的需求是最关键的一步，只有做好这一步，才能明确文章的中心思想与表达形式。

◆ 提升洞察力，揣摩用户心理

（1）内容运营人员要抓住一切机会与用户交流互动，在互动的过程中发现用户的内容需求。一方面，内容运营人员要与身边的目标用户交流，在交流过程中发现用户诉求；另一方面，内容运营人员要多与产品用户交流，以获取创作灵感，创作出具有较强吸引力的内容。

（2）发现热点内容。内容运营人员要养成浏览社区、贴吧、PC门户、移动客户端等内容载体的习惯，关注当下发生的热点事件与热点话题，寻找与自身内容的结合点。当然，用户不同，对热点的看法也不同。内容运营人员要想结合热点创作出高点击率的内容，必须从自身用户的特点出发，保证内容观点符合目标用户认知。

在发现热点之后，内容运营人员还要寻找合适的时机抓住用户对热点的热情。一般来说，热点可分为两大类型：一类是季节性、定期性热点，如各大节假日、各种体育活动等；另一类是突发性社会热点。

热点之所以"热"，关键在于时效性比较强。如果内容运营人员决定借势热点，就必须在24小时之内推出内容。如果是突发性社会热点，内容运营人员最好在2小时之内推出内容，率先吸引用户注意力，然后再推出系列化的内容。

在互联网时代，内容运营人员要想做好内容运营，具有敏锐的洞察力仅是第一要求，之后还必须设置能够快速抓住用户眼球的标题。

标题拟定：迅速吸引用户眼球

对于一篇文章来说，标题就是"文眼"，凝聚了文章的主要内容和中心思想，对文章内容的影响甚大。随着时代发展，内容呈现载体不断变化，但"标题"的作用依然如故，其作用在以"点击链接"呈现内容的互联网时代表现得尤为明显。

在标题聚合页，用户会根据对标题的兴趣程度决定是否打开链接。这种内容呈现方式与之前的刀刻时代、印刷时代的内容呈现方式有显著区别。在互联网时代，文章内容无法直接呈现在用户面前，用户最先看到的就是标题，只有通过标题成功吸引用户注意，才能用内容留住用户。由此，标题的重要性可见一斑。

从整体来看，标题可大致分为3大类型，如图3-8所示。

图3-8　文案标题的3大类型

◆故事型标题

故事型标题指的是将人物、时间、地点等故事性元素融入标题，吸引用户注意。另外，内容运营人员还可以在标题中制造悬念，凸显内容的神秘感、猎奇性，吸引用户点击。目前，今日头条、UC头条等自媒体就经常使用故事型标题吸引用户注意。标题合适，数据推送就比较高。为了打造这样的标题，出现了一批文不对题、以偏概全的"标题党"。当然，"标题党"只能吸引用户一时的注意，要想真正留住用户，运营人员还必须打造真正有价值的内容。

◆ 鸡汤类标题

微信公众号中的"鸡汤文"最喜欢使用鸡汤类标题。鸡汤类标题对文章内容做出了高度凝练与概括，多用一句话呈现一个观点或讲明一个道理。对于这些鸡汤类标题来说，那些异于大众思维模式的标题能获得更高的点击率。

要想写出精彩的鸡汤类标题，内容运营人员必须注意四点：第一，从小角度切入，立意新颖，见解独到；第二，语言凝练，直接凸显自己的观点；第三，标题尽量用第一、第二人称，拉近与用户之间的距离，提高文章的点击率；第四，字里行间融入情感，在表达自己观点的同时感染用户。

◆ 知识分享类标题

干货类文章标题要做到简单、凝练，写作方法有两种：一是总结全篇文章生成一个标题；二是选取文章中细小新颖的观点生成标题。知识分享类文章的用户群体非常明确，文章创作目的不是娱乐大众，而是让所有阅读文章的用户都能从中受益。所以，这类文章的标题一定要做到简洁、凝练，凸显文章主题，要让用户在最短的时间内了解文章内容，无须在标题上故弄玄虚。同时，这类文章的标题可以用数字概括文章要点，让用户在最短的时间内了解文章架构，知晓文章细节。

综上所述，标题类型不同，自媒体平台不同，文章标题的特点也不同，上述标题的分类与特点在实时变化，仅供参考。在实际工作过程中，运营人员要结合产品、内容、自媒体平台的实际情况拟定文章标题，多总结、多实践。无论外部环境发生何种变化，运营人员要想创作一个好标题，必须保证标题反映主体内容、体现自我观点。在标题拟定方面，运营人员可以参照以下几个小技巧：

（1）体现名人。

名人一般自带IP属性，拥有大批追随者，他们的言行举止容易获取他人信任，吸引他人追随。如果文章中有与名人相关的内容，可以将名人在标题中体现出来。

某瑜伽公众号推出了一篇与冥想静坐有关的文章，原来的文章标题是"冥想静坐10分钟，延缓衰老显年轻"。之后，运营人员对标题做了修改，修改之后的文章标题为"这样'坐'美如范冰冰，肌肤紧致年轻10岁"，其实文章内容与范冰冰毫无关系，但爱美的女性用户看到标题就会点击进来，阅读文章。

（2）抽象概念具象化。

在创作文章标题时，用户要将抽象概念具象化，让用户对这一概念产生直观、生动的感受。这种标题非常适合介绍产品的说明类文章使用。

某主流用户群体是年轻女性的微信公众号，推出一篇用来推销太阳伞的软文，原标题是"10厘米的晴雨两用小黑伞方便携带超实用"，这个标题用数字将雨伞长度适当、方便携带的特点展现了出来，但无法让受众对小黑伞形成具体的感知。为此，内容运营人员对文章标题进行了修改，以当下火热的iPhone 8为参照物并将其写入标题，"晴雨两用小黑伞，只需一个iPhone 8的空间"，一方面让受众对雨伞大小有了直观感知，另一方面借势iPhone 8，提升了文章的点击率。

内容主体：刷屏文案运营技巧

在拟定出合适的文章标题之后，内容运营人员就要着手处理内容主体部分。在互联网环境下，用户总是抱着"快餐速食"的心态阅读内容，不会仔细推敲字里行间的意思，遇到不懂的内容经常直接跳过。所以，内容创作的重点任务就是吸引用户注意，留住用户。为此，文案创作者可以采取以下4大策略，如图3-9所示。

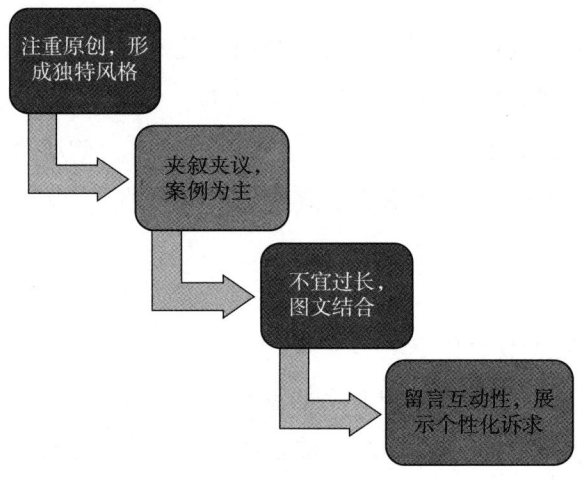

图3-9　内容创作的4大策略

◆ **注重原创，形成独特风格**

文章开头点名文章写作意图，快速切入主题，让用户花费最少的时间了解文章内容。为达到这一目的，内容运营人员要放弃先抑后扬、情景交融等技巧，开门见山，直接显露真实意图。

在互联网时代，资料提取、复制、粘贴非常便捷，导致内容出现了严重的同质化现象。同时，用户接收的内容越来越多，对内容质量提出了极高的要求，优质且具有个性的原创内容成了稀缺资源。在这种情况下，内容创作者要多观察身边的人、事、物，以这些素材为依据创作内容，坚持原创，逐渐形成自己独特的风格。当然，这不是要求内容创作者不关注竞品，恰恰相反，内容创作者要多关注竞品，了解内容输出规律及选材要点，而不是单纯地模仿其语言。

◆夹叙夹议，案例为主

在互联网环境下，用户阅读文章的目的多为休闲娱乐。所以，在创作内容时，内容创作人员要尽量少使用理论性内容，多加入生动的故事，以达到放松、愉悦的目的。在这方面，内容创作者可以借鉴"鸡汤类"文章的内容结构："开篇少文+故事+少文议论+故事+少文议论+故事+总结"，用三个故事架构文章主体，以激发用户的阅读兴趣。需要注意的是，故事选择必须与文章论点相契合，做到切实可行。

◆不宜过长，图文结合

软文类文章的篇幅不能太长，1500字左右即可。文章过长，用户会失去阅读的耐心。另外，软文写作要尽量做到图文结合，插入一些有趣的图片，图片尽量与文章内容相关，以降低用户的理解难度，增强文章的可读性、趣味性。

◆留言互动性，展示个性化诉求

在发布内容之后，内容运营人员可以引导、鼓励用户在留言区回复、评论，增进与用户的交流及互动，让用户感受到文字背后隐藏的是一个鲜活的生命，而不是没有生命的品牌或产品。

在互联网时代，用户越来越追求品牌的个性化、形象化，品牌也希望借具体的形象拉近与用户的距离，增进与用户的交流，将品牌形象淋漓尽致地展现出来。为此，内容运营人员必须做好以下两点：

（1）尽量在24小时以内回复用户的留言与评论，增强用户的被重视感。

（2）回复用户留言与评论时，语言风格要始终保持一致，以便让用户对品牌形成统一认知。

第 10 章
引流变现：超级转化率的电商文案

电商文案运营的3大原则

　　电商文案是一种带有销售性质的文案，通过呈现产品信息获取消费者信任，让消费者产生购买冲动。所以，从某种意义上来说，电商文案运营就是一种销售行为，通过文案促使商家与消费者建立信任，在把握消费者心理的基础上，引发消费者的情感共鸣，促使消费者做出购买决策。由此可见，电商文案在引流变现方面发挥着至关重要的作用。要想将这种作用发挥出来，运营人员必须遵循3大原则，如图3-10所示。

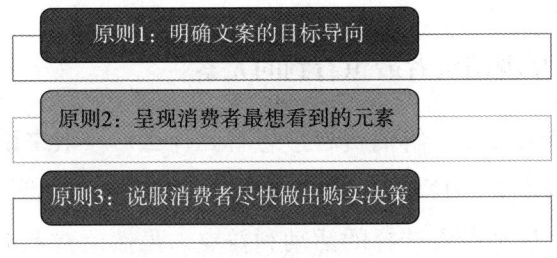

图3-10 电商文案运营的3大原则

◆原则1：明确文案的目标导向

运营人员在创作文案时必须明确以下三个问题：

第一，文案的目标受众是谁。

第二，平台定位是什么。

第三，文案能解决什么问题。

平台类型不同，目标消费群体也不同。即便平台类型相同，大促期间和非大促期间所使用的文案类型也不同。

例如，蘑菇街的定位是"女性消费者的买手街"，其中的文案大多是站在女性消费者的角度撰写的，突出了女性消费者的需求痛点。天猫、京东等综合性电商平台首页的文案多是以品类力度、单品力度、单品卖点为切入点，很少针对某一类人群撰写单独的文案。

在大促期间，运营人员要根据每天主推的产品品类，将产品特性与该类产品的目标消费群体结合撰写平台的首页文案。在此期间，低价是最能吸引消费者注意的字眼。但为了与竞品形成区别，运营人员要结合产品的品类特点及目标消费群体的特点撰写文案，以赋予产品差异化竞争优势。例如，主推数码类商品时可以使用"潮酷智能""发烧科技范""满千减百"等文案；主推生鲜产品时可以使用"抢鲜盛会""5折开趴""满198减100"等文案。

◆ 原则2：呈现消费者最想看到的元素

首先，运营人员要了解消费者最想看到什么。一般来说，电商网站首页文案要涵盖以下3大内容：一是完整的消费路径；二是明确的检索路径；三是清晰的、可供消费者选择的活动利益点。虽然消费者不同，最希望看到的元素也不同，但消费者访问电商平台，进入各个板块一定最想看到清晰、具体的促销信息。

◆ 原则3：说服消费者尽快做出购买决策

现阶段，商品呈现严重的同质化现象，很多平台都在销售同一款商品。如果某电商平台已经成功吸引消费者，让消费者看到了自己的产品，就一定要刺激消费者尽快做出购买决策。为此，文案包装要凸显产品独特的卖点。例如，在产品价格相同的情况下，平台发起"购物满9999元送空气净化器""活动当天前3名付款者免单，前10名付款者享5折优惠"等活动，以刺激消费者尽快下单。另外，平台还可以在首页显示活动结束时间以刺激用户购买，例如"最后疯抢4小时""爆款满198减100"等。最后，电商文案还可以使用一些行动类词汇来配合整体的抢购氛围，例如"GO"等。

淘宝产品文案的创作思路

在网购环境下，店铺销售人员无法与顾客面对面交流，向顾客详细介绍产品卖点，能否达成交易，关键取决于产品文案能否打动顾客。那么，文案运营人员怎样才能切中消费者痛点，创作出足够吸引人、打动人的产品文案呢？对于淘宝店铺的文案创作人员来说，产品文案的创作思路如图3-11所示。

Part 3　文案引流
第10章　引流变现：超级转化率的电商文案

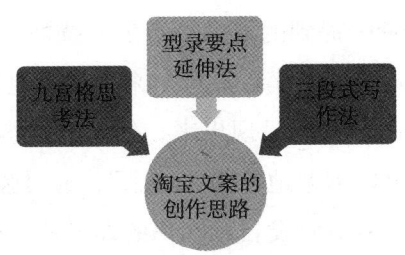

图3-11　淘宝文案的创作思路

◆ **九宫格思考法**

用笔在一张白纸上画出九宫格，在中间的格子中写上商品名称，然后在其他八个格子中填写能够吸引消费者的商品优点。这种方法经常被用于构思企业策划案或架构演讲PPT，有助于激发创意、获得灵感。

◆ **型录要点延伸法**

所谓"型录要点延伸法"，即围绕商品型录中描述的商品特点进行内容延伸，形成产品文案。需要注意的是，运营人员要尽量避免直接照抄型录上的商品要点，以免呈现出来的文案内容枯燥乏味，没有"情感"和"温度"，既无法吸引用户目光，也没有太强的说服力。型录要点延伸法的写作结构如图3-12所示。

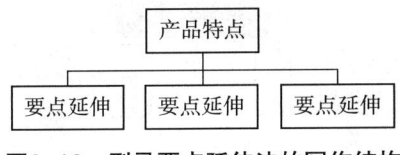

图3-12　型录要点延伸法的写作结构

◆ **三段式写作法**

第一段提炼全文最精彩、最能吸引用户的内容，激发用户深入阅读的

127

兴趣。第二段根据型录中提到的商品特点展开描述，如果文字功底不足，可以采用点列式的形式将商品卖点呈现出来；如果比较擅长写作，可以通过一段精彩的文字将商品特点呈现出来，使文案内容不仅"有料"，也更"有趣"。第三段内容可以形象地称为"钩子"，通过强化商品的独特卖点、价格优势或赠品优惠，有效触发目标客户的即时购买行为。三段式写作结构如图3-13所示。

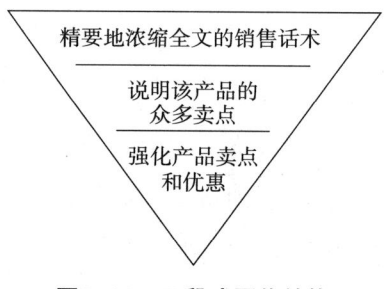

图3-13　三段式写作结构

淘宝产品文案的创作技巧

淘宝商家文案创作人员在撰写产品文案时，可以从以下几个方面着手（见图3-14）：

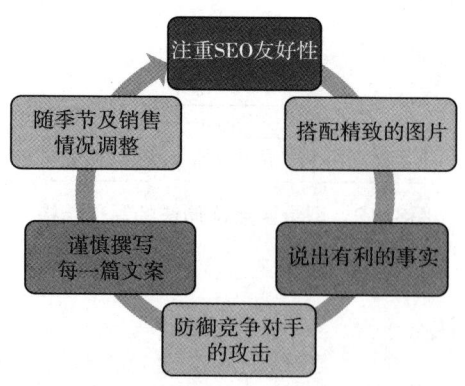

图3-14　淘宝产品文案的创作技巧

◆注重SEO友好性

初级文案人员通常只是从自己的角度出发，写出来的文案是给自己看的；优秀的文案人员会围绕目标客户进行创作，文案是专门写给目标客户群体看的；顶级的文案创作者，他们的文案能够兼顾目标群体和搜索引擎，是同时写给这两方看的。

从这个角度来看，文案人员在创作产品文案时，除了要满足目标客户的内容诉求，还应注重SEO的友好性，即文章中要使用完整的商品名称（包含品牌、中英文、正确的型号等），且至少出现2~3次，从而提高被搜索引擎读取的概率，让更多用户看到文案。

◆搭配精致的图片

相关研究表明，以图片和图片底部说明的形式呈现的内容，其阅读率远高于纯文字。特别是在泛娱乐化背景下，图文并茂的信息呈现方式更容易吸引用户的眼球，也更具有说服力。此外，文章正文还要注意提炼小标题，直接向用户呈现该部分内容的要点，免去用户自己提炼关键信息的麻烦，为用户创造更好的阅读体验。

优秀的实体店导购能够利用营销话术"操控"顾客心智，让顾客改变进店时的目标商品和预算，购买他们推荐的高利润商品。同样，优秀的文案也可以借助精彩的图文内容改变消费者心智，让他们按照自己的建议额外购买某个配件、选择某种颜色、购买价格更高的升级产品等。

◆说出有利的事实

文案广告的最终目的是引导目标群体做出购买行为，完成销售转化。因此，文案要把产品的独特优势呈现出来，如产品获得过什么奖项、是哪个渠道的销售冠军、在哪个平台获得了最佳口碑、哪个明星代言、在价格方面具有怎样的优势（如全国最低价）等。这些内容往往是用户的需求点、兴趣点或痛点，对这些有利事实的强调有助于触发用户的购买行为。

◆ **防御竞争对手的攻击**

好的文案可以帮助品牌防御和反击竞争对手的攻击。例如，某个竞争对手指出你的商品比同款商品价格高很多，对此可以在产品文案中强调自己的商品货源正规、质量有保证、服务口碑好，并在文案中采用"当前有些网上店铺推出了低于市场行情的同款商品，来路可疑且已有消费者吃亏，提醒您千万注意"这种表述，向竞争对手发起有力反击。

◆ **谨慎撰写每一篇文案**

产品文案相当于一个销售页面数据库、一段商品推销短片，将在很长一段时间内成为商品的重要营销策略。因此，文案人员要重视每一篇产品文案的写作，不局限于产品上架和初期推广，要围绕产品整个生命周期的销售行为用心撰写。

◆ **随季节及销售情况调整**

同一款产品的文案也应该根据产品所处的生命周期进行差异化调整，即在产品上架之前、刚刚上线推广、热销阶段、销量衰退以及清仓处理等阶段撰写不同的文案，优化每个阶段的销售氛围，为消费者提供"在此时购买"的理由，从而完成转化变现。

电商文案撰写的注意事项

电商文案是最直接的销售文案，要将产品卖点直接展示给消费者，刺激消费者购买。因此，文案人员在撰写电商文案时必须注意以下事项。

◆电商文案撰写流程

（1）标题：吸引、导引、牵引。

在电商文案中，标题是最重要的一部分，是吸引消费者深入阅读的关键。电商文案标题撰写要注意三大要点：

- 在这个场景中的定位是什么。
- 能否唤起消费者的同理心。
- 能否让消费者快速判断产品价值。

具体来看，电商文案标题撰写可以采用以下两种方式：

一是围绕消费者的需求痛点进行提问。

如果推销的是减肥产品，可以在标题中提出这样的问题：试过很多方法还是瘦不下来？通过这个问题切中消费者的需求痛点，吸引消费者的目光，然后引入产品。

二是描述产品的使用场景。

如果推销一款功能性饮料，可以描述这样一个场景：夏天的午后，办公室内寂静无声，大家仿佛尚未从短暂的午休中醒来，但马上就要开会了。此时，必须振奋精神。某饮料，一口唤醒全身细胞，让你瞬间充满活力！通过场景描述让消费者了解这款产品的价值，从而产生购买冲动。

（2）说服内容：介绍、故事、信心。

在电商文案中，说服内容是主体，需要注意三点：

- 受众能否理解。
- 是否有其他内容可以佐证。
- 是否贴合消费者的关注点。

在这个环节要规避两件事：

一是少用行业内的专有名词。为了降低受众的理解门槛，在撰写说服内容时要尽量避免使用专有名词。如果不得不使用专有名词，最好用举例的方式进行解释说明。例如，分辨率1080p，对于这个专有名词可以这样解释："目前大家观看的视频大多是720p，1080p的画质更清晰，观看体验更好。"

二是避免过多空洞的形容词。形容词多用来描绘感受，而说服内容是为了让受众对产品有更清晰的了解。所以，在撰写说服内容时不要使用太多形容词，如快速开机、超甜的水果等，可以将其转化为可以具体感知的数据、名词、动词、比喻等，如5秒开机；水果很甜，像泡过蜂蜜一样等。

（3）结尾行动：明确、急迫、指定。

很多电商文案都会忽略结尾，没能唤起行动，让人感觉非常可惜。一般来说，除同行外，只有对产品感兴趣，有购买意向，但不知道产品对自己来说有什么意义的用户才会将文案从头到尾看完。面对这部分用户，一个有力的结尾就是转化的关键，可以将用户从观望者变成实际的消费者。

电商文案结尾撰写要注意三点：

- 有明确的行动方向，指引受众做出特定的行动。
- 为受众提供诱因推动，明确告知受众采取行动的意义。
- 清楚地指定未来，告诉受众采取行动之后会得到什么，成为什么。

简单来说就是，电商文案的结尾一定要告诉受众接下来要采取什么行动，唤起受众的行为，达到转化变现的目的。

◆ **电商文案撰写的3大要点**

（1）力求简洁，直击消费者需求痛点。消费者最希望通过文案了解产品信息，而不是欣赏文案人的巧思妙想。虽然在社群平台，谐音、押韵、创意文字能刺激用户分享传播，但电商文案与社群内容不同，要尽量简洁、直接，让消费者对内容要点一目了然。

（2）有刺激点，凸显差异优势。文案要将产品的差异竞争优势、独特卖点展现出来。例如，iPhone 7上市时，天猫、京东、苏宁三大平台的售价都是4298元，而在这种情况下，苏宁别出心裁地创作了一则产品文案——"购买苹果手机送1年碎屏险"，凸显自己的差异竞争优势，成功地刺激消费者购买。

（3）保证图文质量。如果文案内容很好，文案人员就要请优秀设计师帮忙插入合适的图片，以提升文案的传播力。如果条件允许，文案人员甚至可以在文案内容中插入特制影片或GIF动态图，用图片降低文案的理解难度，帮用户更快、更好地获取所需信息。

Part 4

活动引流

第 11 章
活动策划：轻松打造10W+刷屏活动

Step 1：明确活动运营价值

所谓"活动运营"，指的是运营方为了在限定时间内完成产品销售目标推出一系列活动，吸引用户参与，达到预期的销售目的。对于企业来说，活动运营意义重大，因为通过活动运营，企业能够提升产品的价值含量，了解产品的市场接受度。

假设小A在北京望京SOHO开了一家咖啡厅，一个不同于星巴克的新品牌，咖啡厅营业之初面临的第一个问题就是如何吸引上班族的注意力，让上班族了解咖啡厅的特色、产品价位、营业时间等信息。

虽然望京SOHO每天的人流量非常大，往来的上班族非常多，但真正注意到这家咖啡厅的人并不多，前往咖啡厅消费的人更少。为了解决该问题，店长策划了一场活动，并设定了三个目标：第一，让附近的上班族知晓该咖啡厅，引起上班族的注意；第二，将咖啡厅的特点传播给上班族让其知晓，尤其是与星巴克的不同之处；第三，吸引附近的上班族前来消费，让人们从观望者转变为真正的顾客。

通过对上述案例进行分析，我们可以发现活动的三大价值，即吸引用户关注、拉动用户参与、强化用户认知。在这里需要注意两点：第一，这三大价值都以用户为中心，因此，企业无论采取何种活动，都要聚焦用户需求或兴趣点；第二，从产品认知程度来看，从关注到参与再到认知是一个递进的过程。

上述咖啡厅的活动至少实现了两大价值：一是吸引用户关注；二是拉动用户参与。如果能在一个时间段内让这个过程反复循环，就能逐渐强化用户认知。一旦产品在消费者心目中占据了一定的位置，就说明消费者对产品形成了稳定认知，就会成为长期顾客。

◆活动运营的主要类型

明确活动目的之后，具体该如何策划这场活动呢？用互联网思维来看，活动大致可以分为以下几类：

- 内容型活动。通过内容策划，借助新媒体平台将咖啡厅的相关信息传播给附近的上班族让其知晓。活动要想取得良好的效果就必须创造有趣、有调性、符合目标用户需求的内容和玩法。
- 促销类活动。例如，打造爆品，每天上午10点推出一款低价格的单品，或者推出满赠活动，如充200元赠50元等。
- 线下活动。充分利用实体店的优势开展一些小型活动。例如，每天列出一个数字，前来消费的顾客可以称体重，如果体重与数字之差在5以内就可以免费领取一杯咖啡。

◆活动的主要形式

总体来看，活动运营主要包括四种形式，分别是回馈用户、品牌推广、公益活动、社交平台推广，具体如图4-1所示。

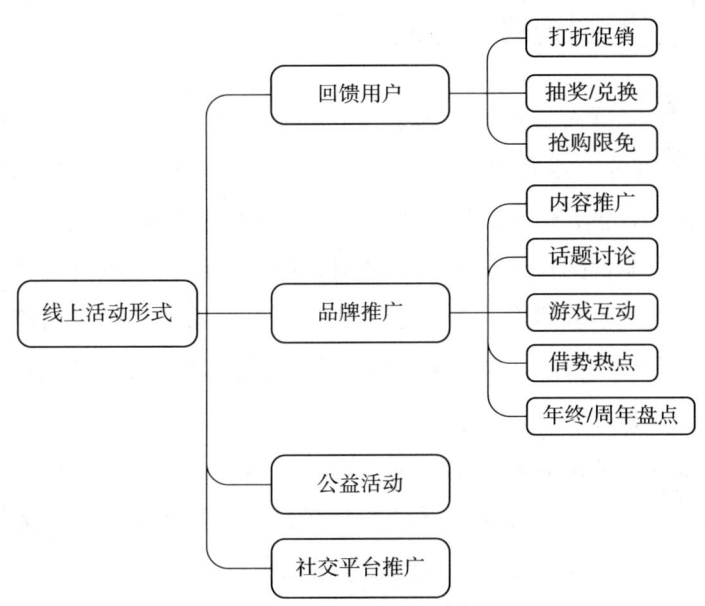

图4-1 线上活动的主要形式

- 回馈用户。这类活动适用于各种消费类产品，其活动形式主要有抽奖、送红包、打折促销等，其目的在于激发用户的活跃度，沉淀有价值的用户。这类活动的开展频率不可过高，否则会对忠实用户、潜在用户的消费积极性产生一定的抑制作用，还会使品牌在消费者心目中的形象受损。

- 品牌推广。这类活动的形式多种多样，非常关注活动创意，主要目的是推广品牌形象。例如，趣味十足、给用户带来惊喜的H5创意活动，往往能够吸引用户主动参与、传播。

● 公益活动。这类活动主要是在线上造势，收集有价值的内容，然后在线下开展活动，达到预期目的。例如，微信平台曾经发起的"为盲胞读书"公益活动。

● 社交平台推广。社交平台推广主要是借社交平台开展活动，无须为开发工作额外付出劳动。

Step 2：紧紧围绕目标出发

很多初级运营人员并不热衷于线上活动策划与运营，因为觉得"没有头绪""没有资源"或者"创意不足"。然而，事实通常是，他们对完整的线上活动流程不甚了解，自然难以策划一场成功的线上活动。

随着各大平台的流量红利逐渐消退，内容同质化现象越发严重，用户拉新和留存成本不断攀升，线上活动成为很多商家或品牌吸引流量、实现用户留存的重要手段，策划一场成功的线上活动是成为一名成熟的运营人员必须具备的能力。

任何运营活动都有特定的目标，因此，运营人员在接到做活动的任务时，不要急于行动，要先明确活动的最终目的。只有如此，才能够围绕运营目标设计运营内容和流程，达到预期的效果。

以一场商品促销活动为例，如果运营人员能够准确把握开展这一活动的目的不是为了盈利，而是提高用户活跃度，那么在策划活动内容时就会以老用户为主，不会一味地注重产品销量，从而保证活动能够取得令人满意的结果。

较为理想的做法是将活动目标转化为一项可量化的数据，明确活动方向，保证整场活动始终围绕目标数据展开。例如，某个App活动运营的目的是吸引更多使用者，扩大用户规模，提高日活跃用户量（Daily Active User，DAU）。

活动目的是活动策划和运营的出发点、立足点与归宿，只有准确把握活动目的，紧紧围绕目的进行后续工作，才不会使活动偏离预期方向。

◆ **活动类型的选择**

运营人员在选择活动类型时，要将需求场景作为重要的参考标准。

- 根据活动目的选择活动形式。举例来说，运营方的活动目的是获取用户相关信息，对用户的年龄、性别、使用某App的动机等内容进行分析。在这种情况下，问卷调查不失为一种可行的活动方式。运营方可以为参与者提供较高的奖励，调动用户参与活动的积极性，从而获取用户的详细资料。
- 根据用户需求选择活动形式。例如，某企业针对"90后"年轻用户推出一款App，在活动开展之前，运营方需要了解这些用户最感兴趣的活动类型。一般情况下，年轻用户比较关注偶像明星、时尚潮流，喜欢在贴吧中发帖，热衷于网络社交等。因此，运营方要增加App的用户数量，进行产品推广，不妨开展H5活动，或通过贴吧引起目标用户的关注。

◆ **活动流程的设计**

在流程设计环节，活动运营者应该学会制作流程图，这要求运营者具备较强的逻辑思维能力。在初级阶段，运营者制作的活动流程图可能不符合要求，但经过多次实践，运营者可以从中总结经验，使活动流程图不断完善。另外，运营人员可以参考公司已有的流程图，根据活动的具体内容对其进行调整。

通过规划活动流程，运营人员能够对活动过程产生更直观的了解，明确活动开展需要经历的具体环节，对参与者进行有效指导，提示他们参与活动的具体方法。流程图能够准确而有效地展现活动流程，让参与者对各个环节一目了然。以某App下单抽奖的活动流程图为例说明活动流程，如图4-2所示。

图4-2 某App下单抽奖的活动流程图

整个活动包括6个环节：参与者首先要进行网上报名，接下来要签到入场，之后可以自由看样，浏览产品介绍，根据自己的意愿下单，然后参与抽奖。在标明各个活动环节的同时，活动流程图还附加了详细说明，不仅帮参与者节省了时间与精力，还提高了整个活动的开展效率。

◆ 活动成本预算

活动预算是指对活动所需成本进行管理，在评估线上活动所需成本时应考虑活动形式、奖品设置、参与人员、预期目标、持续时间等因素，对所有环节的成本消耗做到心中有数。为此，在活动开展之前，运营人员可以对完成一个指标需要投入的人均成本进行评估，做好活动风险管理，将活动成本控制在一个合理的范围内，以免超出运营方的承受能力，同时又要保证活动对参与者具有足够的吸引力。表4-1是某企业的活动预算费用申请表。

表4-1 某企业的活动预算费用申请表

×××活动费用预算申请表				
申请日期				
项目				
地点				
项目	单价	数量	总价	备注
场地费用				
茶歇				
演讲客户礼品				

续表

项目	单价	数量	总价	备注
奖品				
资料制作				
共计：				

总经理审批：

成本投入能够带来相应的回报，作为活动运营方，要明确平台能够从活动中获得哪些益处，能够从哪些方面推动自身发展。除了资金方面的收益之外，运营方还要考虑平台流量、用户活跃度、留存率、转化率等。

Step 3：把握活动时间节点

活动开展时机也很重要。绝大多数活动都设有活动期限，目的在于激发用户参与活动的积极性，让用户明白，只有抓住机会才能成为受益者。另外，活动开展需要消耗成本，只有设定活动期限，才能避免成本超支。

传统线下活动经常选在店庆、节假日、换季时开展；而在移动互联网环境下，时空限制被打破，线上活动策划和运营有了更多玩法和选择，除店庆、节假日之外，一次引爆网络的热点事件也可能成为活动运营的最佳契机。

活动时间包括两种形式：绝对时间与相对时间。

举例来说，天猫推出的整点秒杀活动是绝对时间，这种活动标明了活动开始与结束的确切时间点。有些活动没有确切时间点，如有电商平台规定，即日起5天之内，所有参与者都可获得优惠，这就是相对时间。

运营人员要根据活动目的对活动起止时间进行规划。如果急于获得活动效果，活动时间就不宜太长；反之，活动时间可以稍微放宽。同时，活动运营要善于借势，以达到事半功倍的效果，而这里的"势"指的就是某个时间点，如热点事件、平台发起的热门活动等。

活动策划运营除了要选择最佳的时间点，还要尽量避开容易形成激烈竞争的时间点。

例如，"双十一"已经成为一场全民消费狂欢活动，众多实力雄厚的大品牌、大商家都会参与其中。在这场活动中，如果商家没有独特的竞争优势，就应该尽量避开这一活动，否则很难取得预期的活动效果。

为了保证活动效果，带给用户更好的活动体验，一些重要活动需要提前预热，不能突然上线，让用户措手不及。活动效果应该是一个向上的曲线，活动的最终效果在很大程度上取决于第一天的效果。活动上线第一天的数据越高，活动效果就越好。因为一般来说，第一天过后，活动数据增长会放缓。所以，第一天积累的数据越多，最终的数据表现就越好。

因此，要想保证最终的活动效果就要保证活动第一天的效果，增强活动的爆发力，而这需要做好提前预热。因为任何活动都无法瞬时引爆，用户接受、了解活动信息，参与活动都需要时间，这些工作都要在活动预热阶段完成。活动上线之后，活动策划人员要关注活动开展情况，根据活动进展进行调整，如查看数据走势、用户反馈、内容产生及交易情况等。

Step 4：有效吸引用户眼球

优秀的活动离不开创意的支撑，高质量的活动创意，能够调动用户参与的积极性，保证活动达到预期效果，并促进品牌推广。为此，活动运营人员需要突破传统思维模式,发挥自己的创新思维能力,并与当下人们关注的热点相结合。

以文艺自媒体"新世相"发起的"4小时逃离北上广"活动为例,这个话题本身并没有新颖之处,但平台为用户提供免费机票,并以"未知但美好的目的地"激发用户的兴趣。活动当天,该话题的阅读量超过1000万,为公众平台增加了10多万的关注量。

活动运营的最终目的是吸引、留存更多用户,因此,活动策划必须坚持简单性和创意性两大原则,以有效吸引用户眼球。如图4-3所示。

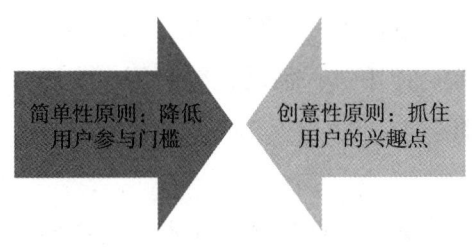

图4-3 活动策划的两大原则

◆ **简单性原则:降低用户参与门槛**

活动规则是所有活动都应该具备的,为了提高用户对规则的接受度,活动运营人员应该对用户心理进行有效把握。举例来说,活动结束之后要为获奖者发放奖品,在这个环节,运营方可以采用不同的方式与参与者互动,可以通过短信、微信、平台的消息推送将获奖信息发送给参与者,不同的方式能够带来不同的效果。在这个环节要重点考虑参与者的操作成本,简化活动的参与流程与操作流程。

活动运营人员对活动流程比较熟悉,很容易陷入自我思维,设置一些复杂的活动规则,以至于用户在参与活动时,对活动要求和规则感到费解。为避免这种情况发生,运营人员在策划活动时要跳出个人思维,通过多方交流与沟通,从用户角度进行活动设计,让用户能够简单、便捷地参与到活动中来。

◆创意性原则：抓住用户的兴趣点

活动只有具有足够的吸引力，才可能刺激用户参与和分享。这种吸引力可以是活动具有趣味性，抓住用户的兴趣点，也可以是满足了用户的某种个性化需求或者虚荣心理等。需要注意的是，创意性原则并不是要求运营人员设计一个全新的活动（很多时候这是难以完成的），而是进行微创新。即运营人员借鉴以往成功的活动模式，通过对主题、参与规则或参与平台等内容进行调整，设计出一个新活动。

从活动类型上看，以下三种活动比较受用户欢迎，可以有效激发用户参与、分享的积极性。

● 互动型活动。这类活动的优势在于形式大众化，容易吸引更多参与者，同时还能刺激活动发起方与参与者交互沟通。例如，一些微博大V发起的"你吃过最难吃的食物是什么""你请假用过的奇葩理由"等，都属于典型的互动型活动。

● 猎奇型活动。这类活动主要通过独特、新奇甚至怪诞的内容激发人们的猎奇心理，让用户愿意深入阅读或参与进来。例如，当人们看到"高三学生一年交往335个女友，食堂大妈都是他对象""武汉大学惊现女学霸，连续通宵自习3晚"之类的内容，大多会选择继续阅读下去，探究事件背后的真相。

● 隐私型活动。这类活动满足了人们某种深层心理诉求，传播效果十分明显，但也容易引起争议和诟病，因为经常涉及一些不适宜在公开场合讨论的话题或者人性的"阴暗面"等。例如，"接吻大赛""BOSS吐槽大赛"等。

Step 5：实时优化活动方案

活动正式上线之后，运营人员要对活动过程进行实时优化，及时发现问题、调整活动方案，保证活动始终处在预先设计的轨道上，避免活动因意外情况而被迫停止。举例来说，某电商平台推出分享触发活动，但在具体执行期间，可能出现分享失败、无法发放奖品等问题。面对这些突发状况，运营方要灵活应对，保证活动正常进行。那么，运营人员应该如何优化活动方案呢？可以从以下几个方面着手（见图4-4）：

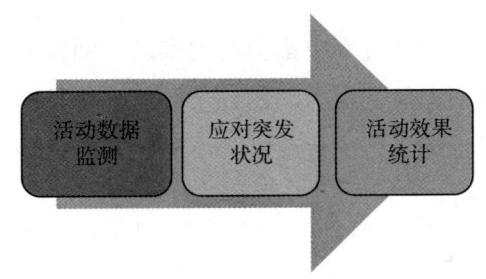

图4-4 实时优化活动方案

◆ **活动数据监测**

活动数据分为实时数据和单位时间（一般按天数，如1天、2天等）数据两种。运营人员在活动上线之前要对数据波动有一个心理预期，划定波动的正常范围。在活动开展过程中，如果发现数据波动超出正常范围，要立即追查数据异常的原因，及时发现各种可能的风险因素。同时，运营人员还要密切关注用户群、贴吧、微博、朋友圈等平台，以及时获取用户反馈信息。

◆ **应对突发状况**

在进行活动策划时，运营人员要充分考虑到活动过程中可能发生的突发状况或紧急事件，并制订配套的解决方案，如服务器宕机、系统异常等。这些突发状况不会给活动方太多时间思考补救方案，因此，在活动开始之前，活动运营人员就要全面考虑如何应对这些突发状况。

◆ **活动效果统计**

在活动实施过程中，执行者要对活动的具体效果进行有效评估并及时反馈给企业的管理人员。如果活动的实际效果与理想效果相差太远，运营方需要找寻原因，做出有效调整。例如，如果是活动类型有问题，可以用其他种类的活动替代；如果是流量入口设置不合理，可以立即进行调整。

很多活动在实际开展过程中都会遇到难以达到预期效果的情况。面对这种情况，活动策划人员要对活动的各个环节进行具体分析，找出出现问题的环节，有针对性地进行优化改进。下面我们对活动运营过程中几个常见问题进行简单分析：

● 问题1：流量过少，需要争取更多推广资源，拓展推广渠道并延长活动在线时间。

● 问题2：流量足够，但进入活动页面的用户不多，需要深入分析是流量质量问题，还是流量的相关性不强。

● 问题3：很多用户进入了活动页面，但真正参与活动的用户较少，需要分析是活动门槛设置过高，还是活动流程过于复杂，参与规则不明或其他原因。

● 问题4：用户转化率过低，即活动虽然吸引了众多用户参与，但没能触发用户的购买行为。对于以增收为目的的活动，在策划设计阶段就应充分考虑到如何有效激发用户的购买行为；同时，在引流环节要通过合适的文案向用户表明参与活动需要的成本等信息。

Step 6：复盘梳理活动流程

复盘就是通过对所做事情的重新推演，获得对事件的更深刻理解。活动复盘指的是通过重新梳理活动的整个流程，对活动进行更深入的分析、总结与反思，让此次活动转变为自身的宝贵经验，为以后的活动运营提供有益借鉴。一场成功的活动复盘大概可以分为4个部分：

- 整体总结。就是对活动效果，活动是否达到预期进行简单评价。
- 具体分析。对活动各环节和数据进行具体分析，这是比较重要的一项内容。
- 优劣分析。将活动的优点、缺点明列出来。
- 指导后续。这是活动结论，具体内容是如何指导后续工作、如何对活动进行调整。

具体来看，活动复盘主要包括4个步骤，如图4-5所示。

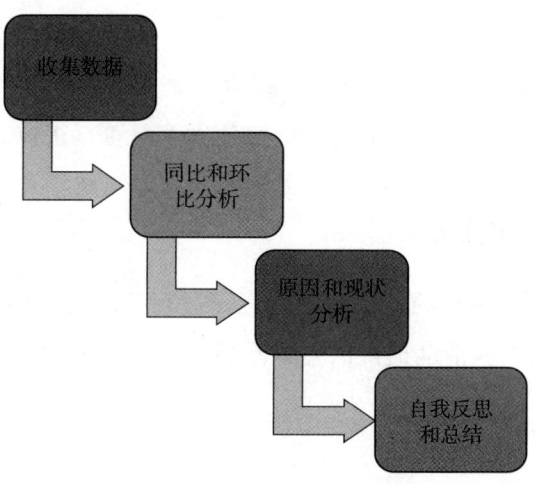

图4-5　活动复盘的4个步骤

◆ 收集数据

即对本次活动的所有相关数据进行收集、整合与分析。首先重新回顾活动策划时制定的运营目标，如计划新增多少用户、次日留存率是多少、有多少新增付费用户、ARPU（ARPU-Average Revenue Per User，每个用户平均收入）值是多少等。在这个环节，活动运营团队的成员可以进行回顾，判断自己是否明确了解活动运营目标。

◆ 同比和环比分析

通过活动数据与往期数据的同比和环比分析，评估此次活动的成效。对活动数据进行细化分析，如活动数据显示用户增长为5000人，则可以对这些用户增长的时间段进行细化，了解用户增长最多的时间点发生了哪些事情；同样，也可以通过分析宣传资源投放时刻的用户增长变化，判断各环节的执行情况。

◆ 原因和现状分析

对此次活动带来的收益和不足进行分析，深入讨论产生这一结果的原因，并基于目标和结果的差异进行假设：是否高估了某个渠道的转化能力，投放时间点是否有更好的选择，宣传文案是否真正打动了用户等。

◆ 自我反思和总结

活动复盘的最终目的就是对活动运营进行反思与总结，发现可取之处与不足之处，为下次活动提供借鉴，不断提升活动运营效果。

第 12 章

引流运营：从传播到裂变的实战技巧

红包活动引流运营实战攻略

一直以来，红包引流是一种非常流行的引流方法。每年春节，"红包大战"是阿里巴巴、腾讯等互联网巨头的重头戏。可见，随着时间的推移以及越来越多新的引流方式出现，红包引流并没有失去原有的效用，反而衍生出更多新玩法。

◆ **红包引流的4大效用**

如果企业决定采用红包引流，就要根据不同的活动目的设计不同的红包形式。红包引流的4大效用，如图4-6所示。

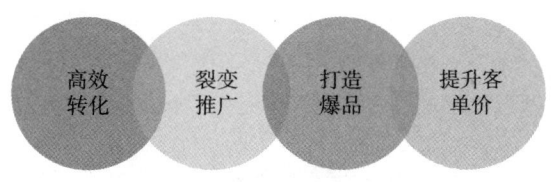

图4-6 红包引流的4大效用

（1）高效转化。在推广拉新的过程中，如果两件产品在款式、口碑、价格、质量等方面相差无几，红包就成了用户转化的关键。一件产品确认收货后好评返红包，一件产品什么都没有。作为消费者，你会如何选择呢？

（2）裂变推广。通俗来讲，裂变推广就是"老带新"，在红包设计方面要注意一点：要先让用户获得奖励，然后再引导用户注册或下载。如果将奖励放在注册或下载之后，所产生的效果就会大打折扣。以京东为例，为推广"京东金融"，京东推出一项活动：用户在京东平台下单付款后会收到一个大面额红包，用户只需下载京东金融就能提现。通过这种方法，京东金融App的下载量实现了翻倍增长。

（3）打造爆品。为打造爆品，企业可以向用户推出一些指定商品可用的红包，并对红包的使用做出一些规定，如规定一次活动内的所有商品可用，或规定某个品类的商品可用，或规定某个单品可用。通过这种类型的红包，企业可以实现打造爆品、处理库存、产品促销等诸多目的。

（4）提升客单价。为了刺激购买，提高客单价，很多商家会推出满减红包，将红包设置为一档满减和多档满减两种类型。一档满减的目的在于刺激用户下单，多档满减的目的在于刺激用户购买，提高客单价。

◆红包活动引流实战攻略

常见的红包类型包括渠道红包、分享红包、场景红包等，其中，场景红包的应用范围最广、应用频次最高。场景红包指的是通过平台打开的红包，往往可以实现自传播。场景红包多以H5链接的形式出现，比较注重分享，偶尔会加入一些游戏化的玩法，用户只要完成特定任务就能获得额外奖励。另外，场景红包还会配合一些特殊玩法，形成阶段性运营策略，保证不同层级的客户可以领取到不同金额的商品。

策略维度涵盖了用户活跃度、生命周期、优惠敏感度、城市区域属性等，通过这些维度的划分可以开展精细化运营，节约运营成本，提高转化率。具体来看，红包活动引流实战技巧如图4-7所示。

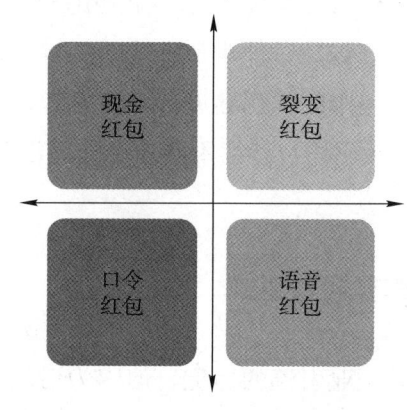

图4-7　红包活动引流实战技巧

（1）现金红包。现金红包是一种最传统的玩法，只要在H5页面植入现金红包功能，在里面放入一定的金额，让用户点击就能领取。现金红包的功能非常强大，不仅可以帮助商家快速变现，还能起到品牌宣传、店铺促销、活动吸粉等多种作用。

（2）裂变红包。裂变红包源于微信红包，商家提前设定红包金额与红包领取规则，如用户必须在规定时间分享给几个人，只有人数凑齐才能领取红包等。出于好奇、好玩心理，抽取到裂变红包的用户会按照规定将红包分享出去，实现裂变传播、扩大分享规模。商家可对裂变红包的数量、中奖率、抽奖红包金额、裂变红包金额、红包裂变数量、裂变后红包持续时间等参数进行自主设置。

（3）口令红包。口令红包是现金红包的升级，主要用于品牌宣传，强化用户对品牌的印象。商家可以对红包口令进行自主设置，如品牌名称、活动名称、活动时间、活动口号等，用户输入正确答案才能领取红包。口令红包的获取渠道有很多，包括H5、海报、推文等。

（4）语音红包。从某种程度上说，语音红包是另一种形式的口令红包。商家提前设置语音口令，用户只有输入正确的语音口令才能领取红包。相较于口令红包来说，这种红包的玩法更新颖，互动性更强，可以帮助商家吸引粉丝，在活动现场活跃气氛，增强用户对品牌的印象。

在吸粉引流方面，红包是一种非常有效的工具。在使用红包引流的过程中，企业不仅要对红包中的优惠券进行有效管理，还要不断创新，带给用户更多新奇的体验，吸引用户持续不断地参与到活动中来。

抽奖活动引流运营实战攻略

抽奖活动可以说是企业引流的标配，但因为活动玩法比较单一，活动界面及交互有限，吸粉引流的效果也有限。因此，近几年这种玩法逐渐被弃用。

从本质上看，抽奖活动就是通过一定的互动行为，利用奖品的吸引力以及用户对中奖的侥幸心理引导用户参与活动，达到转化订单或者加深品牌印象的目的。其实，抽奖活动的玩法有很多，如大转盘、砸金蛋、抽奖箱、扭蛋机、九宫格等。这些玩法的参与门槛低、体验感强，而且可以实时出奖，对用户有极强的吸引力。

既然用户心理和抽奖活动的硬件工具都明确了，那么抽奖活动要秉持什么样的目的开展呢？对于商家来说，线上抽奖活动不会消耗太多资金，关键在于如何借助抽奖活动达到预期目的，如提高品牌的知名度、吸粉引流、提高用户活跃度、完成转化等。

具体而言，企业在借助抽奖活动进行引流转化时，需要重点考虑以下

Part 4 活动引流
第12章 引流运营：从传播到裂变的实战技巧

三个方面，如图4-8所示。

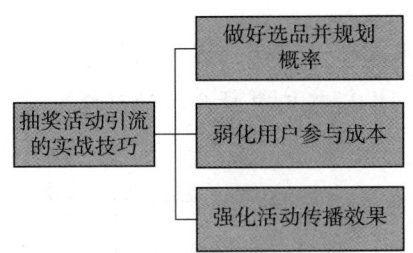

图4-8 抽奖活动引流的实战技巧

◆ 做好选品并规划概率

商家通过抽奖活动吸粉引流的关键在于激发用户参与活动的积极性。从用户的角度来看，奖品的价值越高，吸引力就越强。从商家的角度来看，抽奖活动的主要目的在于招揽顾客，开展一场双向的互动营销，在营销中满足用户需求，提高品牌的曝光度，增强与顾客的联系。

商家秉持这一目的开展抽奖活动经常为了节约成本选择一些廉价奖品，也不注重对外宣传。用户付出大量时间与精力参与活动，所获得的结果与期待相去甚远，对品牌的好感一落千丈，甚至失去对品牌的信任。例如，商家宣传一等奖是一台价值500元的电饭煲，结果其实际价值只有100元，用户的使用体验极差。对于用户来说，商家的这种行为属于"欺骗"，此后无论商家推出什么产品，发起什么活动，都不会再参与。

如果说上述案例是活动引流的负面案例，下面就列举一个正面案例——支付宝新春集五福活动。迄今为止，这项活动已经延续了四年，随着参与人数越来越多，每个人能分得的钱越来越少，但人们参与活动的热情始终不减。原因之一在于人们希望借这个活动在新春到来之际获得一个"五福临门"的好彩头；原因之二在于支付宝每年都在创新玩法，带给用户新奇的体验。

支付宝的这个活动告诉我们，如果选择抽奖引流，在商品选择方面要遵循两个原则：

- 原则一：让更多人参与活动，提高品牌曝光度。
- 原则二：在活动中增强用户对品牌的好感。

第一个原则主要考虑用户对抽奖活动的接受度，提升用户体验，提高用户参与活动的积极性；第二个原则主要考虑用户对奖品的接受度，以及活动是否会给品牌造成负面影响，吸引用户持续参与活动，在活动中获得更多体验。

◆弱化用户参与成本

无论商家为抽奖活动制订多少套方案，如果不能吸引用户参与，就无法达到活动目的。为避免这种情况发生，商家必须弱化用户参与活动的成本，激发用户参与活动的积极性与主动性。

如果抽奖活动的玩法比较简单，用户可以点击按钮直接参与，活动效果如何关键取决于中奖率。中奖率高，商家可能要付出较高的成本；中奖率低，用户参与度不高，可能达不到预期效果。如果抽奖活动的参与流程比较复杂，需要用户执行转发链接、下载App、好友拉新等操作，用户在参与活动之前可能会考虑参与成本问题。

例如，一场红包抽奖活动有A、B两套方案，A方案设置了5元、20元、50元三个档次的红包，B方案的红包5~50元均有。两个方案进行对比，B方案可能会影响活动效果。虽然B方案为用户提供了更多中奖的可能性，但会增加商家的运营成本。如果商家不持续为活动加码，就会导致用户对活动的期望值下降，甚至对活动性质产生质疑，认为这是商家的骗局。一旦用户产生这种心理，商家在用户心目中的形象就会一落千丈。

对于用户来说，对活动的期待也是一种参与成本，而且是一项非常重要的参与成本。因此，相较于数额不明的红包来说，用户更愿意相信数额清晰的红包，即便红包金额只有5元，因为这可以极大地降低决策成本。

◆ **强化活动传播效果**

如何保证抽奖活动的参与效果是一大难题，具体来看，其方法主要有以下两种：

（1）当场参与抽奖出结果。很多抽奖活动采用的都是这种玩法——当场抽奖，当场出结果。用户获得参与名额之后进入抽奖页面点击抽奖，如果中奖，就会呼朋引伴前来参与抽奖活动，实现大范围传播；如果没有中奖，其结果无非是悻然离开，不对活动进行宣传。

（2）固定周期出结果。用户抽奖之后，商家集中在一个固定日期公布中奖名单。一些商家为了聚拢人气经常采用这种方法。为了获取奖品，用户在抽奖之后会时刻关注门店，或者因为距离开奖日期还有一段时间，会鼓动亲朋好友前来参与活动，使活动实现大范围传播。

拼团活动引流运营实战攻略

拼团活动引流的逻辑是借助熟人关系链进行裂变传播。因为熟人之间的信任度高，传播速度快，试错成本低，所以这种引流模式实现了快速发展。但近几年，拼团市场趋于饱和，用户对这种玩法也显露出一些疲态。面对这种情况，拼团引流如何发展？下面对拼团活动的形式与玩法、商品选择、推广策略进行具体分析。

◆ **拼团常见的几种形式**

有人认为拼团引流属于社交电商模式下的社交玩法，因为自带营销属性，为产品推广与流量问题提供了有效的解决方案。拼团引流最常见的模式就是建立一个社群，在社群发布拼团活动，让社群内的用户自由组团，使参团人数实现裂变式增长。拼团有几种常见的类型，如抽奖团、试用团、超级团、秒杀团、免单团等，下面对这些类型进行具体分析。

（1）抽奖团&试用团。在所有的拼团模式中，抽奖团与试用团是用户最多、覆盖范围最广的两种拼团模式。商家如果使用这两种模式拼团，就要选择噱头大、话题性强、传播性强的产品作为拼团商品。拼团流程如下：

用户参与拼团并成团，成团之后系统进行抽奖，被抽中的用户获得拼团商品。如果拼团失败，金额自动退还，用户还能获得补偿优惠券。

（2）超级团&秒杀团。超级团对参团人数有一定的要求，要求参团人数不少于50人，不超过200人。因为参团人数多，商家可以制定阶梯价格，提高用户的好评度。一般来讲，超级团选择的商品应该具有较高的性价比、较强的实用性、价格相对较低，而且参团人数越多，价格要越低。超级团的参与方式非常简单，用户可以直接参团，达到规定人数自动成团，商家发货；如果人数不足未能成团，商家退款。

秒杀团就是设定一个时间让人们以较低的价格抢购某款产品，产品数量要提前设定好，如1000套等。产品售空，秒杀活动结束。

从拼团效果看，这两种玩法都能提高产品的复购率，可以在维护老用户权益的同时为商家带来新用户，通过多场次的拼团活动增强用户黏性。

◆ 拼团的升级玩法

（1）线上拼团+到店自提。线上拼团虽然能吸引到巨大的流量，但这些流量很难进入商家的流量池。如果将线上拼团与到店自提结合到

Part 4 活动引流
第12章 引流运营：从传播到裂变的实战技巧

一起，在线上开展拼团活动，以社群的社交功能为依托引导用户在线上完成拼单，然后到线下实体店提货，就能为线下实体店带去源源不断的流量。

将线上流量引至线下，即便商家只用几款商品发起拼团活动，但只要顾客进入线下门店，就能带动其他产品销售。对于消费者来说，这种拼团模式不仅可以满足其对商品价格的需求，还能满足即时消费的要求。

（2）分拼团+抽奖。将分拼团与抽奖相结合，其目的在于获取新用户。例如，1分钱拼团或抽奖，所有用户都可以开团，但只有新用户可以参团。如果老用户能为商家带来3~4名新用户，就可以享受1分钱购物。或者不对成团、参团的用户属性做出规定，成团后抽奖，中奖用户获得商品，其他用户自动退款，并获得商家发放的优惠券。

这种方式因为参团人数少，中奖率高，即便不中奖也能获得商家赠送的优惠券，所以深受用户喜爱。中奖，用户满意；不中奖，用户也不会失望。另外，商家为没有中奖的用户发放优惠券还能刺激消费，一举多得。

（3）双重奖品+无限开团。一般情况下，在拼团活动结束之前，用户可以多次发起成团活动。对于商家来说，只付出一个活动商品的费用就能获得大量新用户，极大地降低了获客成本；对于用户来说，无须支付任何费用就能获得奖品，自然会对拼团活动产生极大的兴趣。"双重奖品+无限开团"背后的逻辑就是如此。

因为在抽奖拼团中，一名用户只能参与一次拼团，但团长可以多次开团。在此情况下，为了提高中奖率，团长会自发地进行活动传播。开团次数越多，团长的中奖率越高，拉新效果就越好。将这种拼团模式与双重奖品相结合，可以有效提高店铺的转化效果。

例如，一等奖设置为价值299元的彩妆礼盒；二等奖设置为30张50元的无门槛优惠券。一等奖可以吸引对店铺感兴趣的用户，为商家带来精准流量；二等奖可以刺激用户消费，提高下单转化效果。

这样一来，用户只需四步简单的操作就能完成拼团与分享，使商家与用户的操作成本大幅下降，可以轻松完成用户裂变。对于商家来说，随着客流量不断增长，产品销量自然会持续增加。

投票活动引流运营实战攻略

投票引流也是一种非常重要的引流方法。在每年最热门的营销时间段，总有一些企业会推出投票活动。例如，7月是夏季旅游的高峰期，一些景点为了吸引游客会策划一些营销活动。2019年7月，琵岩山风景区推出一个照片投票活动，吸引了2万人参与，活动曝光量超过73万，成为投票活动引流的经典案例。

◆ 活动主题

琵岩山风景区坐落在吉林延边，是一个集休闲、吃住、游玩、娱乐、购物等多种功能于一体的体验风景区，全年累计吸引客流110万人次。每年的7—8月，高温席卷全国，琵岩山风景区的平均温度却只有10℃，是旅游的最佳时节。

2019年7月，琵岩山风景区推出照片投票活动，活动目的非常明确：
第一，在旅游高峰期到来之前提高景区的知名度。
第二，增加景区收入。
第三，为景区公众号吸引更多粉丝。
活动内容如下：游客以琵岩山风景区为主题进行拍摄，将照片上传到公众号，请网友投票选出最好的摄影作品。为保证投票结果公平、公正，琵岩山风景区提前拟定了照片评比要求，如必须展现景区的独特之处、展现朝鲜族的特色、具有感染力等，具体要求如图4-9所示。

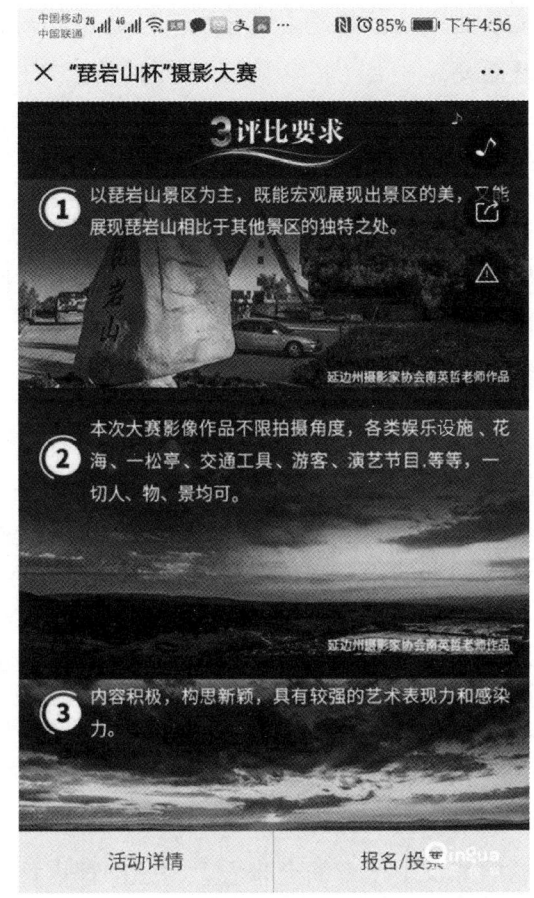

图4-9 "琵岩山杯"摄影大赛的具体要求

◆活动裂变传播策略与细节

（1）巧借活动规则曝光品牌。

投票类活动最无法控制的就是品牌效果。很多时候，用户参与了活动，拿到了奖品，却不知道活动的主办方是谁。为了避免这种情况发生，琵岩山风景区在活动规则中实现了品牌露出。下面，我们对琵岩山风景区的活动规则进行具体说明。

- 以琵岩山风景区为主，既能宏观体现景区的美，又能展现琵岩山相比其他景区的独特之处。
- 大赛作品不限拍摄角度，各类娱乐设施、花海、一松亭、交通工具、游客、演艺节目，等等，一切人、物、景均可。
- 内容积极，构思新颖，具有较强的艺术表现力和感染力。
- 展现延边朝鲜族民族特色，凸显朝鲜族地区花海的民俗风情，表达出琵岩山风景区的独特魅力。
- 取景期间不得损坏或改造景区。

这套规则内容翔实，而且每条规则都配图说明，选取的是摄影家协会会员的优秀作品，为用户参与活动、拍摄照片提供了参考。在这些规则的约束下，有意向参与活动的用户必须亲自前往景区。这样一来，不仅琵岩山风景区的客流量有了大幅提升，而且加深了用户对景区的认知。再加上此次活动吸引了很多摄影家协会的会员参与，这些人在摄影界有较强的影响力。以这些用户为媒介，琵岩山风景区成功打入摄影家这个群体，打开了相关市场。

（2）"奖励式+圈层体验"的用户引导。

从最终上传的照片及上传者简介来看，每张图都堪称佳作，而且上传者是摄影界的名人，此次活动质量之高、效果之好可见一斑。可能有人要问，此次活动的参与者都是专业人士，将普通用户排除在外，失去了普通大众的支持，为什么还能达到预期的传播效果呢？其原因有两点：

一是专业级的圈层传播效果。因为参与活动的用户都是旅游达人或者专业摄影师，他们都有自己的社交圈。相较于普通用户来说，这些用户的圈层资源更丰富、更精准、更稳定。以这些圈层为据点可以实现较为精准的二次传播，为景区带来更多优质用户。

二是充足的物质奖励刺激。为了吸引更多优质用户参与活动，琵岩山风景区此次活动设置了丰厚的现金奖励，共四个等级，如图4-10所示。

Part 4 活动引流
第12章 引流运营：从传播到裂变的实战技巧

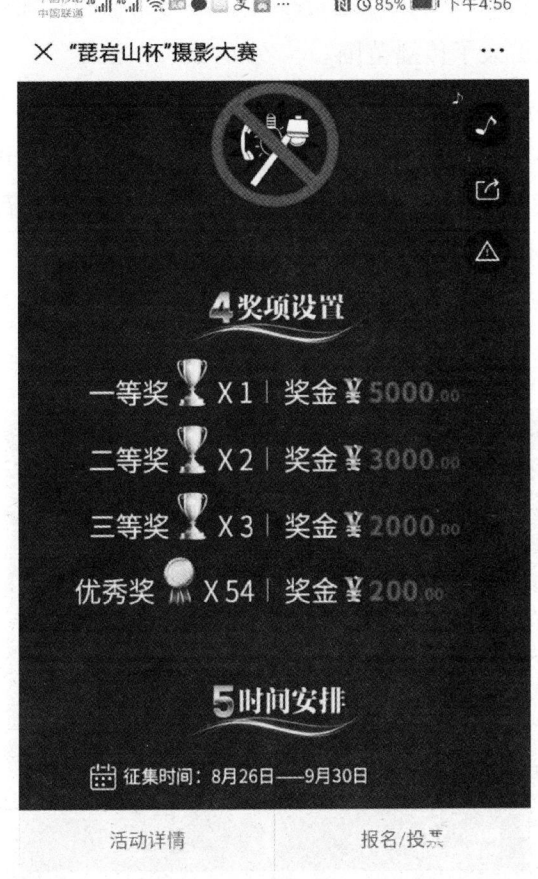

图4-10 "琵岩山杯"摄影大赛的现金奖励

为保证活动可以达到预期效果，琵岩山风景区共投入27800元，最终吸引了78万人参与，费效比之高可见一斑。如果仅从奖金设置来看，琵岩山风景区用不足3万元的奖金吸引了几百位专业级的摄影师与旅游达人参与活动，为景区宣传造势，吸引游客，仅这一点就证明了此次活动的巨大成功。

（3）无处不在的营销联动。

一是全网联动推广。为保证活动推广效果，琵岩山风景区不仅通过线上微博、微信平台及线下渠道进行推广，还与当地的其他媒体合作进行同步推广，极大地扩大了传播范围。

二是收藏入围作品。琵岩山风景区承诺将入围作品收藏到琵岩山风景区群众文化艺术中心，向全体市民开放展览。在这一荣誉的刺激下，参与者相继进行自传播，最终使作品浏览量达到了百万级。"琵岩山杯"摄影大赛的作品征集信息如图4-11所示。

图4-11 "琵岩山杯"摄影大赛的作品征集信息

◆琵岩山风景区投票活动的启示

琵岩山风景区的这次投票引流活动可称之为典范，通过对此次活动进行拆解可以获得一些有益启示：

（1）投票引流不是简单地推出一个活动，号召用户参与，上传作品。如果没有实际的物质激励，投票活动最终只能成为活动主办方的自嗨，很难达到预期的效果。

（2）奖品设置不能敷衍，蝇头小利很难吸引用户参与活动。活动奖品设置必须真诚，要么是实际的大额现金奖励，要么是高价值的物品。

（3）活动主办方要采用各种方法鼓励用户参与活动、上传优质照片，进而刺激其他参与者上传更优质的照片，通过这种良性较量，吸引更多优秀的人参与活动，达到预期的传播效果。

微博活动引流运营实战攻略

作为一个月活量近5亿的社交平台，微博拥有海量流量，一直被品牌视为吸粉引流的重要场所。为了在微博平台发现目标用户，将其转化为自己的粉丝，品牌最常用的方法就是设计活动。微博活动引流出现的时间非常早，已经形成一套比较成熟的模式与玩法。

◆微博活动常见的4种形式

常见的微博活动主要有4种，分别是有奖转发、有奖征集、有奖竞猜和有奖调查，如图4-12所示。

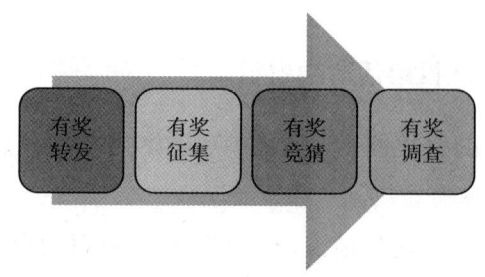

图4-12 微博活动常见的4种形式

（1）有奖转发。在各种形式的微博活动中，有奖转发是最常见的一种活动形式，操作简单，只要转发、评论并@好友就有机会中奖，参与门槛非常低。当然，为了保证活动效果，品牌可以适当地提高门槛，如至少@10位好友才有机会中奖、发布的评论字数不少于30个字等。

（2）有奖征集。有奖征集就是设置一个问题，准备好奖品，面向社会大众征集问题解决方案，通过这种方式吸引用户参与。常见的征集主题包括广告语、祝福语、好的创意等。在奖品的诱导下，用户会积极地参与其中。

（3）有奖竞猜。有奖竞猜包括猜图、猜文字、猜结果、猜价格等，活动方先抛出问题，设定回答问题的时间，之后揭晓谜底并抽奖。目前，有奖竞猜的应用频率不是很高，但如果精心策划，也可以吸引很多用户参与。如果活动设计得非常有趣，还能刺激用户主动转发传播。

（4）有奖调查。有奖调查主要用于收集用户的反馈意见，鼓励用户回答问题，转发并回复之后就有机会参与抽奖。目前，这种引流方式的应用频率也比较低。

◆ **微博活动操控的4个关键点**

为保证引流效果，品牌在利用微博活动引流时需要注意4个关键点，如图4-13所示。

Part 4　活动引流
第12章　引流运营：从传播到裂变的实战技巧

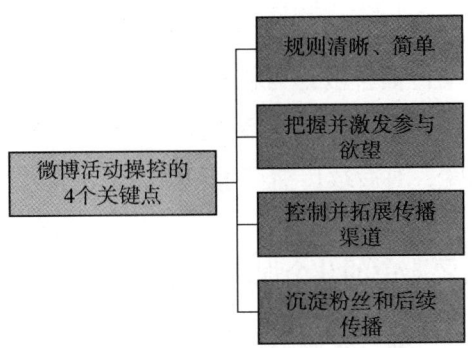

图4-13　微博活动操控的4个关键点

（1）规则清晰、简单。一些微博活动规则比较复杂，用户参与活动之前需要阅读大篇幅的文字说明，如果用户不愿意投入太多时间与精力了解活动规则，即便有兴趣参与也会果断放弃。为避免这种情况发生，活动方制定的活动规则要尽量简单，最好凝练成三五句话，字数控制在100字以内，并配以活动插图，插图必须清晰、美观、尺寸恰当，以降低用户的理解成本，激发用户参与活动的积极性，使品牌曝光率得以大幅提升。

（2）把握并激发参与欲望。一项活动要想吸引用户积极参与，必须满足用户的某种需求，激发用户内心深处的欲望。在这方面，最好的方式就是制定微博活动的奖励机制，包括一次性奖励与阶段性奖励。为此，活动方必须精心选择活动奖品，保证奖品有新意、有吸引力，而且成本不能太高。如果用印有官方logo的纪念品作为奖品，因为奖品的稀缺性与独特性，会对用户产生更强的吸引力。

（3）控制并拓展传播渠道。微博活动初期非常关键，如果参与人数不足很难产生病毒式传播效应。为吸引更多用户参与，活动方必须拓展传播渠道，包括内部渠道与外部渠道，其中内部渠道面向的主要是内部员工，号召所有员工参与活动，鼓励员工邀请自己的亲朋好友参与活动。随着参与人数不断增长就会形成马太效应。外部渠道指的是与有影响力的微博账号合作，通过这些账号吸引更多人参与活动。

（4）沉淀粉丝和后续传播。活动方在策划活动文案时要考虑如何沉淀粉丝，鼓励粉丝主动传播扩散，为粉丝提供扩展激励。另外，微博活动要通过关联话题产生新的激发点，刺激用户在自己的人际圈进行转发传播，以提高后续的曝光度，对后续传播产生积极的促进作用。

◆ 活动策划需要避免的几个误区

在开展微博活动之前，企业必须注意以下3大问题：

（1）合理确定粉丝增长目标，科学选择活动奖品与奖励。企业不能过度依赖微博活动，不能将企业的未来投注到一个活动上，不能盲目地设置高价值的产品与奖励。因为凭借高价值产品吸引来的粉丝忠诚度较低，黏性不强，很难对企业发展产生积极的推动作用。

（2）企业要为微博活动设置一个合理的预期，不要妄想通过一次微博活动就促使销售迈进一个新阶段，这一点与微博的长链接营销方式不符。

（3）在开展微博活动之前，企业必须明确诉求，是提高关注度，还是增加到店人数，借此为后续的效果评估与分析奠定基础。

总而言之，企业在发起微博营销活动之前必须设定一个清晰的目标，究竟是拉新还是引流。虽然微博活动的策划方式非常多，但始终要以增加曝光率、提高品牌认知和忠诚度为核心，面向核心用户群体开展精准传播。

第 13 章
预算控制：低成本、高曝光、高转化

策划阶段：精心打磨执行方案

所有活动都要从策划环节开始，通过开发、宣传、运营等执行环节落地，为了实现最初的运营目标，运营人员要付出很多。尤其是在活动开展的过程中，作为活动的发起方，在其他协作人员不愿意执行或者执行不到位的情况下，运营人员要自行投入人力资源进行填补，无论哪个环节出现问题，运营人员都要收拾残局。总而言之，从活动开始到结束，每个环节都要投入大量资金，所以如何控制活动预算就成了活动策划与执行过程中的重要议题。

活动运营也好，获取新用户也罢，都与公司的发展规划密切相关，从年计划到季度计划再到月计划、周计划，所有环节都要围绕特定周期内的目标开展。运营部门不仅要配合其他部门做好拉新，还要思考如何以现有的用户量提高营收。在这个过程中，运营部门发挥着主导作用，其他部门提供协助。

这些提供协助的部门看到的是具体的执行方案，这些执行方案是运营部门所有员工通过反复讨论、推演、修改制订出来的，耗费了无数的时间与精力。但在具体执行过程中，受各种因素的影响，执行方案需要不断调整、修改。

一个好的活动策划一定是从无数方案中精心挑选出来的。对于一个对自身有着高要求的活动策划团队来说，通常会反复打磨自己的活动策划方案，与不同部门的员工沟通交流，尽可能地获取更多信息，反复召开会议进行讨论，才能确定活动的基本框架。

活动策划过程就是运营部门的负责人带领部门员工投入智力、体力完成预期运营目标的过程。很多时候，即便运营部门制订了很好的活动方案，也有可能因为执行不到位导致活动中止，被迫降级。面对这种情况，怨天尤人无济于事，运营人员只能事先对执行过程中可能遇到的问题进行充分考虑，对协同人员的能力做出科学判断，对各阶段的预算进行有效控制。当然，随着运营团队积累的经验不断丰富，在协同人员能力判断、活动策划等环节投注的智力资源会不断减少。

开发阶段：跨部门的沟通协作

活动不同，投入的开发成本也不同。有些简单的活动只需撰写一篇活动方案即可，无须太大投入，如论坛征文活动、登录领取礼包活动等，但有些复杂的活动就要做好开发，如预约、兑换礼包活动，报名、注册、竞猜活动，转盘抽奖活动等，这些活动都需要开发页面功能，做好数据库存储，当然，还有一些活动直接做到了游戏内置。

有些运营人员会效仿产品经理撰写需求文档,与程序设计人员、美工、测试人员进行沟通交流;有些运营人员则直接将这部分工作委托给专业人士完成。简单明了的需求文档的撰写有很多技巧可循,撰写完成后还要通过需求评审、交互设计、前后端开发、运维上线等多个环节。

运营人员必须掌握一定的开发知识,因为所有的活动方案最终都要落地执行,如果运营人员设计一份活动方案,而开发人员认为方案无法执行,运营人员就不得不重新设计活动方案,浪费大量时间。

如果运营人员可以自己撰写文档,就能与开发人员进行高效沟通,如果不能,就要在开发过程中对规则进行完善,使跨部门协作成本大幅增加。如果运营团队积累了一定的经验,就能将开发的功能模块制成模板反复使用。但如果让开发团队重复做这些工作,就相当于让他们原地踏步,团队成员工作的积极性会大幅下降。

对于运营团队来说,活动模板是一种资源。以抽奖为例,随机活动只有为数不多的几种类型,制成模板之后,每次设计活动只需更新设计图,配备新的表格即可。运营团队积累的这种资源越多,设计出来的运营活动就越丰富。随着运营人员的技能不断提升,活动模板制作的预算成本会不断下降。

宣传阶段:渠道推广引流攻略

一项活动最终能吸引多少人参与、产生多大的影响力,在很大程度上取决于活动宣传。活动宣传工作也有一定的框架,有些活动宣传可以由运营人员独立完成,如营收类活动、活跃类活动等,运营人员可以自行架构宣传渠道、设计宣传文案、控制宣传节奏。

但有些宣传活动则需要其他部门配合协助,如物料、文案、广告图等宣传内容需要设计师完成;内容投放渠道、营销资源预约、曝光频率属于执行层面的内容，需要市场商务部门提供协助；超大型活动的宣传则需要公关、市场、商务等多个部门协助，小型活动宣传可由运营人员自行完成，但这两种活动中间存在一些中间地带，有些环节需要他人帮忙。对于这些环节，运营人员必须做好协调，保证活动正常开展。

在规划宣传路径之前，活动方必须对全网传播渠道做出详细了解，以找到最适合自己的活动传播路径。

◆内部资源渠道

内部资源渠道又称官方渠道，包括官方网站、官方微博、官方微信公众号等。

（1）官网站内推广。企业利用官方网站推广活动，在网站页面的黄金位置添加活动引导信息，迅速吸引用户关注，提高用户参与活动的积极性。为了做到这一点，企业可以将近期的活动制作成一个banner图放在首页，或者将内容活动板块放在首页的轮播图下面。例如，小米在官方网站开展的"小米10周年米粉节"预售活动，如图4-14所示。

图4-14 小米官网站内推广

（2）企业自媒体平台。企业自媒体平台主要是官方微博与官方微信公众号。一般来说，企业官方微博可以加蓝V，官方微信公众号包括服务号与订阅号两种类型。企业如何利用这两大自媒体平台进行引流推广呢？

A.官方微博运营。

● 企业可以将活动banner图放在官方微博的首页，设置好链接，让用户可以一键跳转到专题页或者活动产品页。

● 企业可以在官方微博发起与活动有关的话题，活跃气氛，鼓励网友带着话题转发微博。例如，2020年4月1日，小米手机在官方微博推广#米粉节#新品发布会，通过有奖转发、评论等方式吸引用户积极参与，如图4-15所示。

图4-15 小米官方微博话题活动

B.官方微信公众号。

● 图文推荐，给活动造势。企业可以在官方微信公众号发布图文内容为活动预热，为吸引广大用户关注，图文内容最好生动有趣，向用户具体、详细地介绍活动内容，让用户明确这场活动的价值点。如果图文富有创意，有可能刺激用户主动传播分享。

● 打通购物流程，实现快速转化。企业可以在微信端打通购物流程，提高活动转化效率。例如，零售企业可以开通微信支付，直接通过微信公众号销售产品，或者自行开发微商城或接入第三方微商城，直接在微信平台完成流量转化与变现。

◆ **外部资源渠道**

外部资源渠道比较多，包括自媒体平台、论坛、社区和社群等，下面对这些渠道进行具体介绍。

（1）自媒体平台。内容分发渠道，企业的活动宣传文案不仅可以通过官方自媒体渠道进行分发传播，还可以通过微信公众号、微博、邮件进行同步推送，甚至还可以通过各个以品牌名注册的自媒体平台进行宣传推广，做到多渠道传播。需要注意的是，官方微博、微信公众号及邮件传播都可以自行控制，以品牌名注册的自媒体平台需要通过平台审核。这种传播渠道适合进行持续的内容输出，积累大规模粉丝用户。

（2）垂直论坛发帖推广。为做好活动宣传，企业可以找到自己所属行业的论坛，在论坛发布活动推广帖。如果是线下门店，最好找到自己所在地区的垂直论坛发帖。三大热门行业的垂直论坛汇总如表4-2所示。

表4-2 三大热门行业垂直论坛汇总

热门行业	垂直论坛
母婴行业	妈妈网、摇篮网、育儿网、宝宝树、孩子王、母婴之家、蜜芽宝贝等
餐饮行业	大众点评网、美团网、中华美食网、下厨房、红餐网、餐饮界等
服饰行业	淘宝论坛、蘑菇街、美丽说、今日特卖、什么值得买、女装网等

（3）知名社区的垂直频道重点推广。社区也是企业推广活动信息的一个重要渠道。目前，国内的知名社区包括知乎、猫扑、天涯、豆瓣、贴吧

等，这些社区内部有很多频道，企业找到目标用户集中度最高的频道发布信息，可获得更好地传播推广效果。

（4）垂直社群推广。如果企业漫无目的地寻找一个社群投放活动，不仅无法保证活动投放效果，还有可能被移出社群。为避免这种情况发生，企业必须找到行业的垂直社群，包括微信群、微博群、豆瓣群、天涯群、QQ群等，发布活动信息时要注意措辞，避免被其他成员视为广告。

运营阶段：严格控制维护成本

◆规则设计支付的经营成本

征文、选美、评选名次等过程会消耗运营人员很多精力，此外，还有一些分轮次进行的竞技类比赛活动，每轮活动结束后运营人员都要核对结果、撰写战报、向晋级选手发出公告通知。在这个过程中，有一个令运营人员犹豫不决的小问题，就是活动时间是选择0点到24点，还是选择12点到次日12点。

这个问题可以视具体情况来看：如果运营活动的开展需要投入大量人力，就选择12点到次日12点；如果活动结算所需时间较长，需要其他部门的同事陪同提取数据、对结果进行验算、公布获奖名单进行结算奖励，也要选择12点开始，次日12点结束，因为如果设计0点开始，24点结束，结束之后还要其他部门的同事陪同加班，很容易引起协同人员的不满。另外，如果24点结束，就要在凌晨公布名单，如果结算出现问题，很难再进行调整。

◆结算方式支付的发奖成本

游戏内系统自动结算的奖励不做讨论,游戏外的其他活动,有些活动奖励本身就要通过CD-KEY[①]兑现。首先,运营人员要在论坛发布站内信息;其次,运营人员要在页面活动收集用户的手机号,然后请平台工作人员以短信的方式向用户发送CD-KEY。

有些活动奖励以实物或现金的形式呈现,如果是实物奖励,运营人员要收集用户地址,一一核对,以免物品邮递失败;如果是现金奖励,公司要按照财务汇款劳务费的流程进行结算,内部逐级审批,收集用户的银行卡信息及身份证复印件,整个流程也非常烦琐。

这个环节的成本取决于事前策划,如果事先做好活动设计,预留充足的时间,成本可以得到有效控制。如果事先没有做好设计,整个过程会出现很多意外情况,这些意外情况会引发很多额外成本,这些都是不可控的。

◆意外情况引发的维护成本

无论运营人员事前如何细致检查、认真测试,活动都有可能发生意外,有些是人为造成的,有些是其他原因引发的,但其后果都要由活动人员负责。

无论活动规则写得多么清晰、明白,都会有一些用户提出疑问,运营人员不得不断地对规则进行补充、解释、说明。还有一些用户根本不看规则,在参与活动的过程中遇到问题就询问运营人员,在这种情况下,运营人员不得不充当客服回答用户的问题。为避免这种情况发生,运营人员要事先培养一批客服人员,让他们协助自己回答用户提问,这些事情都会消耗运营人员的时间与精力。

如果开发人员的业务能力不强,活动就很容易出现漏洞,运营人员只能

[①] CD—KEY 指的是大部分商业软件都需要使用序列码,简称秘钥。

临时修补。当然，有些并非漏洞，如访问迟缓、分辨率较低、浏览器不兼容等，这些问题真实存在，会在很大程度上对用户体验造成不良影响。

在整个过程中，任何一个环节失控都会引发极大的风险，相较于为了弥补错误投入的人力成本、时间机会成本来说，金钱成本根本不值一提。

提升效率：建立两大框架思维

在日常工作过程中，所有管理者都强调效率，但如果只是喊口号，不能真正落地执行，提升效率就变得非常艰难。所有人都希望提升效率，但在实际工作的过程中，几乎所有领导都只是一味地强调指导思想，对实际业务的开展毫无帮助。

为了提升工作效率，工作人员心中要有两个框架：一是效能框架；二是业务框架。具体架构内容如图4-16所示。

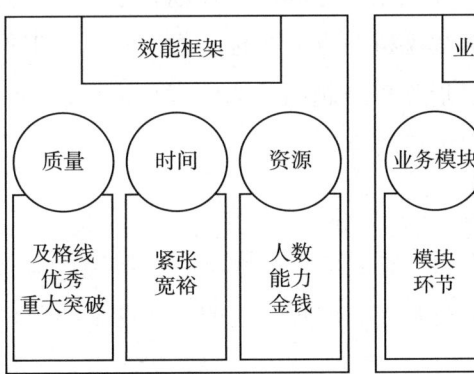
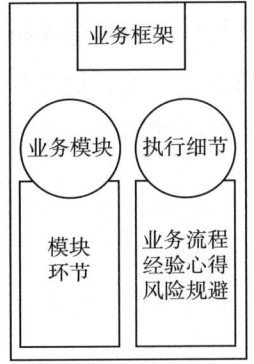

图4-16　效能框架与业务框架

◆ **效能框架**

效能框架指的是每项工作的开展要调用或者消耗多少公司资源，花费多长时间，最终能达到怎样的结果，工作人员必须做到心中有数。具体到活动场景就是，质量一定，工作人员要想降低成本就要提升效率，也就是说要调动最少的资源、消耗最少的时间获得最好的结果。所有强调效率的管理人员都要从这三个方面进行考虑。

◆ **业务框架**

一般来讲，业务框架就是部门业务操作手册。

每个部门都有自己负责的业务模块，每个业务模块都可以细分成不同的环节，每个环节又能拆分成各种执行细节，这个拆分过程就是业务框架构建的过程。所以，部门手册不仅要阐述各项业务的执行流程，还要讲述过往的经验心得，哪个环节容易出现什么问题、出现问题之后要如何解决等。这项工作具有一定的难度，但做好之后会产生极大的效益，管理者不仅能解放自己，还能提升自己的核心竞争力。

效能框架与业务框架互为因果，可以相互迭代，初入职场的人没有形成业务框架，但可以用效能框架思考问题，逐渐积累工作经验，形成自己的业务框架，然后对业务框架进行反复验证，提升自己的工作自信。因为业务框架越精细，业务开展效率就越高，为实现目标投入的资源量计算就越精准，就越能提升部门运转效率。

Part 5

内容引流

第 14 章
内容运营：新媒体时代的获客法则

互联网时代的内容运营

讨论内容运营，首先应明确什么是内容。广义上讲，人们通过看、听、闻等各种感官感受到的，且对自身认知产生一定影响的都可称为内容，如看到的一篇文章、路边的广告牌等。从运营角度来看，可将内容理解为通过手机、电脑、广告牌、报纸等载体，以文字、图片、视频、声音、气味等形式对用户认知产生影响的信息。从本质上看，内容就是信息，只不过这种信息可以借助某种载体以某种形式影响受众认知。

◆ **互联网时代的内容运营**

纵向来看，虽然内容运营是以互联网特别是社会化媒体的发展为基础，但传统内容行业已经出现了内容运营的一些工作思维与方法，只不过还没有出现内容运营这一概念。

以杂志为例，衡量一份杂志成功与否的关键指标是订阅量，订阅量越高，表明杂志越受用户青睐。杂志社为了提高杂志的订阅量，首先会对杂志的目标用户进行定位和分析，了解用户喜欢什么类型的内容；然后根据用户需求和偏好进行内容筛选、编排、勘定和发行。这其实就是内容运营，只不过在传统行业中做这些工作的人员被称为编辑或主编。

互联网为内容运营提供了基础土壤，但也不是一蹴而就的。互联网发展早期，以网易、搜狐、新浪三大门户网站为代表，内容产品主要表现为信息的电子化，人们可以突破时空限制，随时随地获取所需信息。在这一阶段，虽然信息的实时性大幅提升，但与传统纸媒相比并没有本质性改变，负责网站内容建设的工作人员被称为网站编辑。

随着互联网快速发展成熟，以下三点变化推动了内容运营概念的出现：

● 信息需求端与供给端的不断增长。信息需求端即广大的互联网用户，供给端则是能为用户提供信息的论坛、门户网站、社区、自媒体等。信息需求与供给的爆发式增长，越来越需要专业团队或人员对信息供需两端进行合理高效匹配。

● 用户逐渐进入内容建设生态系统。不论是传统报纸、杂志，还是早期的门户网站，用户只是单纯被动的信息接收者；而随着互联网特别是各类社会化自媒体的快速发展，越来越多的用户开始参与内容建设，UGC（User Generated Content，用户生产内容）已成为媒体网站、平台、社区等重要的内容来源，这就需要专业运营人员搭建产品的内容体系，为内容生产提供引导。

● 互联网信息反馈的实时性。传统报纸、杂志通常是根据订阅量、主编个人经验、问卷调查等进行需求挖掘，对内容进行优化，效率低下，信息获取迟滞，有着较强的延时性，无法对快速变化的用户需求做出及时回应。与此不同，互联网媒介平台的用户信息反馈具有实时性，但需要专门人员对反馈信息进行有效分析并做出及时合理的应对。

◆ **内容运营VS文案编辑**

内容运营与文案编辑不同，内容运营的重点在于面向不同的用户以串联的方式向其传输有价值的信息。

（1）内容运营是培养用户的内容系统。在流量聚集时期，文案编辑只需要创作出优质的内容即可。但现阶段，流量不仅分散，而且竞争异常激烈，如果内容缺乏关联会很难吸引用户注意。从本质上来看，构建一个内容系统就是构建一个用户培养体系。一方面，通过这个内容系统，可以提高内容出现的频率，抢占用户的时间与注意力，让信息产生规模效益；另一方面，通过内容系统，品牌可引导用户朝预先设定的目标转化，做好用户培养工作。

（2）把内容看成产品一样去运营。近几年，内容运营环境发生了很大的改变，搬运工式的内容创作方法不再适用，以运营产品的思路运营内容才是正途，推动内容迭代升级，为内容匹配合适的渠道，重视用户体验，满足用户的个性化需求等。例如，今日头条等内容平台正在逐渐弱化复制粘贴式的内容编辑方式，不断增加原创内容的比例，为用户提供更多个性化、高质量的原创内容。

内容运营的逻辑与流程

在内容运营方面，传统内容运营主要包括两种：专业生产内容（PGC）和用户生产内容（UGC），具有代表性的内容型产品有门户网站和社区论坛，如新浪、搜狐、贴吧等。随着互联网领域的同质化竞争愈演愈烈，部分非内容型产品也在内容运营方面投入了精力，如以淘宝、京东为代表的电商平台，其具体内容运营方式包括"内容呈现"和"内容推荐"两种。

（1）内容呈现。采用标签化的形式及时向用户提供其所关注的信息。

（2）内容推荐。根据用户喜好有针对性地为其推荐内容，为用户决策提供有价值的参考。

过去，企业会推出自有网页或开发独立App来开展内容运营。近年来，虽然很多传统企业开始向互联网方向转型，但是拥有独立App的传统企业不多，而且大多数企业不会为了内容运营专门开发一款App。对于这些传统企业来说，自媒体成为它们开展内容运营的理想选择。

与其他互联网产品无偿为用户提供内容服务不同的是，这类传统企业开展内容运营的目的在于转化变现。所以，其自媒体运营针对的是"客户"，而不是"用户"。企业希望通过自媒体渠道进行内容宣传，将自己的产品推广出去，进而达到产品销售的目的。

在具体运营过程中，传统企业要抓住两个关键点：拉新与转化，即吸引新客户，将客户转化为自身产品的消费者。为此，在利用自媒体开展内容运营的过程中，企业不仅需要做好内容触达工作，还要组织相关活动以吸引用户参与。

对于内容运营，很多研究者从不同角度进行了分析，如标题设计、用户痛点、社区活动等。这些零散视角虽然能为内容运营提供一些启发和帮助，但却如盲人摸象，"只知其一，不知其二"。下面我们对内容运营的整体框架进行梳理分析，明确内容运营的逻辑和流程，为内容运营人员提供系统性指导。内容运营的整体框架如图5-1所示。

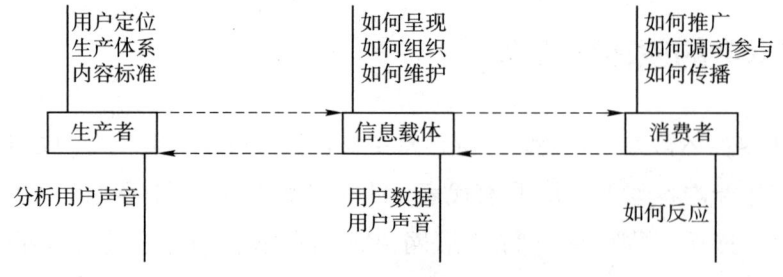

图5-1 内容运营的整体框架

通过对图5-1分析可知,生产者、信息载体和消费者是内容运营的三个核心要素,内容消费的基本路径可以概括为:生产者—信息载体—用户消费—反馈—生产者。这样一来就形成了一个良性的内容运营生态。

(1)内容生产。运营人员首先要明确目标受众,即找到自身调性,进行内容定位,也就是解决生产什么内容的问题;然后建立内容标准和生产体系,确定内容产出模式(PGC还是UGC),以及如何找到内容生产者等,也就是解决内容如何获取的问题。明确了这些内容之后,初期内容就能随之产生。

(2)信息载体选择。即内容生产出来之后,选择哪种载体,以哪种方式将内容呈现出来。例如,如果以自媒体为传播载体,那么就要考虑在哪个平台发布,如何进行内容展示、组织和维护,以文字、图片还是语音、视频的形式呈现,各种形式的比例如何分配,如何确定内容更新时间、频率,如何对众多内容进行组织分类,如何回应用户反馈等。

(3)用户消费。即内容生产并通过相关载体呈现之后,考虑如何进行内容的推广扩散,让更多用户获取内容并积极参与到内容的生产传播过程,这一点对UGC来说尤为重要。

(4)用户反馈。从生产者到消费者完成了内容的传递和变现之后,内容运营人员需要及时获取分析用户的反馈信息,倾听用户声音,拉近与用户的距离,实现产品的持续改进与完善。

用户反馈信息主要包括两个方面:一是用户内容消费行为带来的信息,如阅读数、点赞数、分享转发数等;二是用户主动发出的声音,如留言、评论等。内容运营人员要及时收集、整理、分析这些反馈信息,并据此指导内容生产,从而形成一个可实现良性循环的内容生态系统。

内容运营人员的4项修炼

如果某个渠道处在流量红利期,即便投放一个非常普通的内容也能获得很好的传播效果。但随着渠道越来越多,广告主越来越多,同样的内容，同样的渠道，投资转化率大幅下降。要想改变这一局面，必须引入专业的内容运营人员，组建内容运营团队。

自进入信息大爆炸时代以来，用户的注意力呈现严重的碎片化特征，接收到的内容非常零散，很难形成完整的体系，也很难完成转化。随着流量获取成本不断攀升，内容运营成为吸引用户、实现用户留存的重要手段。

内容运营人员承担的工作非常重要。但目前很多企业都没有设置内容运营岗位，或将内容运营与文案编辑混为一谈，设为一个岗位，规定岗位职责为文字编辑、内容创作，没有设置内容运营目标，也没有对内容运营人员的运营思路、产品思路提出要求，导致内容质量很高，但无法吸引用户注意、顺利完成转化。

还有公司将内容运营交由运营人员负责，当然，内容运营是运营人员的必备技能，但很多普通的运营人员虽然有系统化运营内容的能力，但无法保证内容质量，导致内容运营无法取得较好的效果。

总而言之，内容运营要引入产品运营思维，但从行业目前的情况来看，内容运营相关事宜主要由运营人员负责，当然也有部分文字编辑具备内容运营能力，但这类实属凤毛麟角。

并不是有超强的文字创作能力就一定能做好自媒体运营，自媒体运营对内容运营能力有很高要求。也不是随便聘请几位文字编辑创作几篇高级的文案就能将自媒体品牌做好。如果企业秉持这种思维开展内容运营，结果只能是投入了大量人力、物力，却无法得到预期的内容转化率。

总体来看，内容运营人员应该具备4种能力，如图5-2所示。

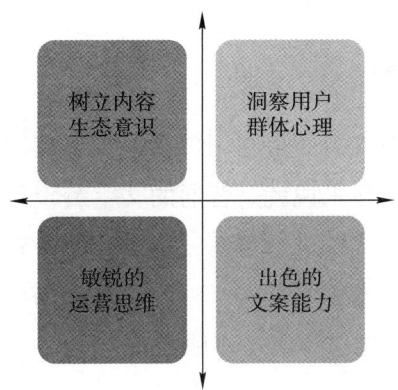

图5-2 内容运营人员具备的4种能力

◆ 树立内容生态意识

随着互联网基础设施不断完善,信息消费者与生产者的界限越发模糊,越来越多的用户不再只是单纯的内容接受者和消费者,而是参与到了内容创作传播过程之中。在这种情况下,内容产品成为一个生态系统,这要求运营人员树立内容生态意识,从构建良性循环的内容生态系统的角度出发开展各项运营工作。

◆ 洞察用户群体心理

在以用户为中心的互联网商业时代,准确把握用户群体心理是产品运营过程中最重要的一环,只不过在不同运营阶段其表现出的侧重点有所差异。例如,在产品运营初期,对用户群体心理的把握主要表现为明确用户需求,即了解用户想要什么类型的内容。

对此,内容运营人员可通过问卷调查、用户访谈、用户行为数据分析等方式精准定位用户需求。同时,运营人员还要学会换位思考,站在用户的角度了解用户,理解他们的想法和内容诉求。当然这种用户思维的养成并非朝夕之功,需要经过长期有意识地培养和积累。

◆ **敏锐的运营思维**

这里所说的运营思维指的是与用户和内容渠道相结合，深入开展内容运营的理念与想法。具体来说就是普通的文字编辑只需要考虑如何创作优质的文章，按照要求对文章进行更新、推送；而内容运营人员则需要考虑一篇优质的文章应该具备哪些特点？内容的目标用户群体有什么特征？内容要按照何种频率更新推送等诸多事项。

◆ **出色的文案能力**

在做好内容体系布局之后，要想让每个节点的内容打动用户、产生价值，就必须保证内容质量，而这就对内容运营人员的文案能力提出了较高的要求。只是这个文案能力要与运营相结合，要以深度探索用户需求，挖掘、提炼价值为基础。

现阶段，用户思维及阅读习惯都发生了一定的变化，为了适应这一变化，内容运营人员必须从用户与价值结合的角度出发对内容进行调整，以创作出合适的内容，切实保证内容运营效果。

沉浸感：未来的内容运营

远古时代，人类通过符号内容传承文化。进入纸媒时代之后，报纸、杂志等传统媒体成为信息传播的主要载体，在传播知识的同时不断推动社会进步发展。进入自媒体时代之后，优质IP促使商业社会发生了颠覆性变革。事实上，内容最核心的功能不是分发、引流及促销，而是通过促进多方交流，完成对人的教化，对资源的整合等。

内容本身就具有一定的价值，人们可以通过阅读高质量的内容不断提升自己，学习更多专业知识，从他人的实践中借鉴经验。在AR/VR技术的支持下,通过打造虚拟场景,人们能够利用VR头盔等专业设备获得沉浸式体验。考虑到信息过载及产能严重过剩,未来的内容运营将以用户需求为核心,高度重视用户的沉浸感。

◆阅读需求不是用户的深层需求

有人认为,阅读是人类的一项核心需求,阅读对象是文字、图片、视频等形式的各类内容。但如果深入思考就会发现,不是每个时代的人类都存在阅读需求。阅读确实是人类获取信息、交流沟通的一种有效方式,但如果是在技术及硬件高度发达的未来,人们可能直接通过触觉、嗅觉、神经触发及高科技传感等多种方式就能快速获取所需内容。

因此,对于运营人员来说,内容运营并非一定围绕阅读需求开展,而是要重视信息交互与价值实现。向目标用户传播产品相关内容,是为了让人们更好地认识产品,获取有价值的商品。向目标用户推送情感类内容,是为了满足用户更高层次的情感与精神需求,从而引导其行为与决策。向用户推送知识、经验等干货类内容,是为了让目标用户更好地提升自己。

也就是说,开展内容运营,是要让其传递价值。当然,在这个过程中,运营方也将获得产品及品牌曝光量增长、成交额提升等回报。因此,未来的内容运营绝不是盲目地向目标用户做硬性推广,也不是通过高科技手段美化测评数据,而是对内容本身的价值进行运营,让用户从内容中获得更多价值。随着时代变化,内容运营形式会发生改变,但以传递价值为导向、对用户沉浸感进行运营的本质始终不会发生变化。

◆沉浸感即注意力高度集中

沉浸感是在人对某个事物保持高度关注的场景下产生情感体验、认知体验的强交互过程。实践证明,当人的注意力高度集中时,更容易获得沉浸感。注意力是人利用触觉、嗅觉、听觉等感官获取外界信息,生成能够反馈到大脑中的神经信号，从而对外界事物形成持续认识的过程，是人的心理活动指向和集中于某种事物的能力。

注意力可以从广度及深度两个维度来分析，对内容运营来说，广度需要展现内容的结构性思维及系统框架；深度强调通过场景构造、呈现手段等细节引发人的深入思考。所以，想要让用户对内容产生较高的注意力，在内容中获得更多的沉浸感，需要确保内容结构清晰、细节丰满。为此，运营人员必须对用户需求进行深入分析，针对用户需求与偏好推出定制化内容。

◆沉浸感的3个层次

想要增强用户的沉浸感，必须深入了解沉浸感的3个层次。

（1）通过信息引发的沉浸是第一层次。例如，通过奇闻趣事等信息，让人不由自主地被吸引。这种层次的沉浸力较低，是用户沉浸感运营的初级阶段，容易被外界事物干扰。

（2）感官沉浸。利用文字、图片、音频、视频等形式的内容，给人带来某种感官刺激或情感体验。

（3）大脑沉浸。在深度学习、工作等场景中，人的大脑处于完全沉浸状态。

第三个层次的沉浸感是内容运营的最高境界，想要做到这一点，需要利用更多的技术手段，不能只通过好玩有趣的故事博人眼球，而是要基于心理学、社会学、传播学、神经学科等理论体系，利用虚拟现实、大数据、云计算等技术为目标用户打造超出心理预期的体验场景，使用户完全沉浸其中，在不知不觉中做出有利于企业的行为与决策。

第 15 章

4大环节：掌握内容运营关键要点

内容审核：明确内容平台规则

在信息过载时代，如果没有有效的运营手段将内容推送给目标用户群体，即便再优秀的内容也可能被信息洪流所淹没。对内容进行加工，使内容的价值得到充分体现，从而对目标用户的行为及决策产生影响，是运营人员的一项重要工作。

除暴力、色情、反动等常规的内容发布限制条件外，内容平台还会根据平台特性、商业利益、用户体验等设置一些特殊的限制条件，如不允许出现友商的相关信息等。尤其是以UGC为主的内容平台，考虑到用户分享的内容质量参差不齐，对内容进行有效审核，避免低质量内容泛滥导致用户大规模流失，用高质量的原创内容保证用户体验显得尤为关键。

明确内容平台的审核机制,是提高内容审核效率与精准性、降低审核成本的关键所在。通常来说,内容平台的审核机制可以分为先审后发与先发后审两种类型,如图5-3所示。

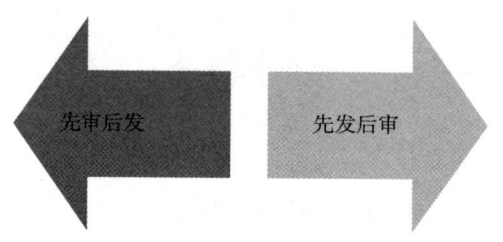

图5-3　内容平台的审核机制

◆ **先审后发**

如果采用先审后发的形式,当内容发布者上传内容时,内容会先存储在系统服务器中,通过机器或者人工审核后,才会正式发布在线上,被平台用户获取。

先审后发可以充分确保内容质量,减少违法信息、广告信息等对用户体验的负面影响。但由于内容审核(尤其是人工审核)需要耗费一定的时间,从而影响了信息的流通效率,并不适合对信息时效性要求较高的平台使用。

目前,很多平台采用机器审核和人工审核相结合的方式审核内容,这是在现有条件下为了降低审核成本、确保审核的精准性,平台做出的无奈之举。采用机器审核时,通常会设置一些敏感词及特殊逻辑,前者包括色情信息、暴力信息、竞品品牌等;后者包括内容字数不符、图片内存过高、带有外部链接等。

机器审核可以降低审核成本、提高审核效率,但由于技术条件的限制,审核质量无法得到充分保障。尤其是在利益驱动下,很多个体或组织会运用各种手段规避机器审核规则,使得平台方不得不加入人工审核。

◆ 先发后审

先发后审允许内容发布者先将内容发布到平台上，然后通过机器或人工审核判断内容是否符合平台规则，如果不符合就会被删除。

百度贴吧是先发后审的典型代表，用户可以先将内容发布在贴吧中，然后由机器及贴吧管理人员对内容进行审核，如果不符合规定就会将其删除。当然，为了避免贴吧管理人员滥用权力，百度贴吧也为用户提供了申诉渠道，在"帖子管理"选项下的"删帖回收站"，用户可以了解帖子的删除人（有删除权限的包括贴吧管理员、系统、楼主、发帖人），如有问题可以申诉。

内容运营人员可以通过赋予忠实用户一定的管理权来帮助自己进行内容审核。当然，保证发帖人的合法权益，为其提供有效的申诉渠道很有必要，百度贴吧、QQ群等都是通过这种方式在降低审核成本的同时，确保内容质量。

内容调性：高效提升运营权重

内容运营人员应该对内容质量有较强的把控能力，内容价值是判断内容质量的重要标准。好的内容要能够为用户创造价值，同时要具备较强的传播力和爆发力，从而为企业创造更多商业价值。

互联网产品往往有很多广告展示位，将有价值的内容投放到广告展示位可以被更多的用户获取。以知识类问答社区知乎为例，名家名言尤其是行业意见领袖的回答会被内容运营团队筛选出来，放在推荐列表中，以便能够被更多感兴趣的用户获取。

内容运营首先要确定内容调性，然后才能进行内容生产及后续的运营。而要确定内容调性，就要对企业品牌的特性进行把握，让自媒体呈现人格化的特征。何谓"人格化"？简单来说，就是让读者感受到文章内容的鲜活性。具体来看，人格化包括企业品牌的特性、经营的业务类型等。运营人员的性格不同，自媒体的人格化特征也不同。有的自媒体端庄严肃，有的主打幽默风格，有的专门提供贴心服务等。运营方应该综合考虑企业特征及其他相关因素，确定适合企业的内容调性。

在判断内容价值方面，运营人员应该充分结合用户需求及渠道特点，这对内容运营人员的鉴别能力提出了较高的要求。很多用户分享的专业较强的内容，通常需要内容运营人员根据自己的知识储备与经验，判断内容是否具有较高的价值，这是企业招募内容运营人员时强调从业经验的关键原因。

当然，和时事热点相结合的内容更容易获得较高的流量，这要求内容运营人员不仅要关注春节、中秋、清明、端午等固定热点，还要及时掌握突发性热点。在利用时事热点方面，运营人员要尽量选择能够传播正能量的热点，规避具有争议的内容，以免给企业形象造成不良影响。

内容运营是一项长期性的工作，需要持续投入时间与精力确保内容质量，实现提高用户活跃度、促进购买转化等运营目标。在流程成本不断攀升的情况下，内容运营的价值将得以充分展现，需要创业者及企业予以高度重视。

内容包装：精细打磨优质内容

一些内容运营人员认为，有些微信公众号只摘录文章，不提供原创内容的行为不属于内容运营。事实并非如此，在摘录内容的过程中，运营人员也会对内容进行加工，而且摘录本身就是选择符合目标用户需求的内容，需要运营人员有较高的内容识别与筛选能力。想要让一篇公众号文章富有吸引力，往往需要运营人员投入大量的时间与精力，做好内容的包装及美化。

内容包装主要体现在文章风格方面。不同平台的用户呈现出来的特征各不相同，其兴趣爱好、阅读习惯、风格选择等都存在明显的区别。在这种情况下，内容运营人员应该根据平台特征，使内容呈现特定的风格。

平台风格的展现可以通过调整文章标题来实现。具体来说就是，内容运营人员可以依据平台用户的阅读习惯，设置符合他们兴趣点的标题，然后尽量使内容风格与标题风格保持一致。但必须提醒内容运营人员，要立足于长期发展的角度分析问题，切忌只注重标题，而不注重内容创作。虽然一个有趣的标题能够快速吸引用户的注意力，但如果内容与标题不符，就会引起用户反感。

对内容进行包装，需要从标题、配图、推荐语、结构、标签及分类等多个角度着手。因为绝大部分内容平台都是以罗列标题的形式，让用户根据标题选择内容。所以，拟定一个好标题十分重要。虽然标题党让人深恶痛绝，但我们不得不承认他们在设置标题方面的强大实力。

设置标题并非一件简单的事情，内容运营人员需要运用一些有效策略使标题更具吸引力，这些策略主要包括借势、情绪引导、提供干货、设置悬念等。内容运营人员想要提升设置标题的能力，需要在日常工作中将点击量较高的文章标题记录下来，模仿学习。

纯文本内容容易让人产生视觉疲劳，加入好玩有趣的图片可以很好地解决这一问题。娱乐性较强的图片及明星图片在吸引流量方面具有明显优势。推荐语是对内容的高度概括，优秀的推荐语可以在短时间内产生较强的冲击力，吸引人们关注并点击阅读。

对内容结构进行调整，也是提高内容吸引力的有效方式。一般说来，运营人员调整内容结构时，通常不会改变内容本身要表达的含义，而是对内容的写作结构进行重新梳理，增加或删除标题，使内容框架更为清晰。同时，运营人员在调整内容结构的过程中，往往会对关键词句进行突出显示，使用文字加粗、改变字体及颜色等方式，让用户可以快速注意到关键内容。

善用标签和分类可以让内容更容易被目标用户获取，例如，支持用户可以通过输入关键词或者在目录的各个分类中寻找感兴趣的内容。需要注意的是，运营人员设置的标签和分类应该通俗易懂，可以提供一些展示案例便于用户理解，让用户在上传或阅读内容时，能够利用标签和分类降低阅读成本。

内容专题：巧借热点引爆流量

内容专题是指某一类题材内容的集合，可以让用户在一个板块中获得较多自己感兴趣的内容，避免被无关内容干扰。同时，专题内容有利于用户更深入地了解自己感兴趣的内容，通过浏览不同视角与观点的文章，完善自身的知识体系。

专题内容通常会和时事热点相结合，以当下正在流行的新冠肺炎疫情为例，当该事件在世界范围内成为众所关注的焦点时，大部分新闻类平台都为其设置了专题板块，将和该事件相关的内容在该板块集中呈现，从而引发更大规模的话题讨论。那么，我们应该如何巧借热点策划一个内容专题呢？内容专题的策划技巧如图5-4所示。

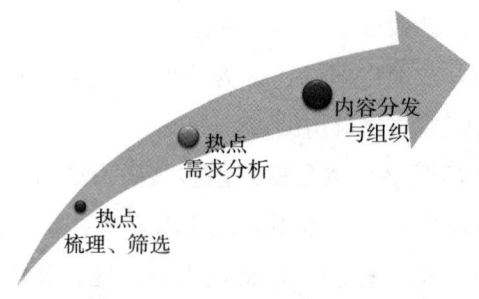

图5-4　内容专题的策划技巧

◆ 热点梳理、筛选

现实生活中，每天都会出现很多热点，但不是所有热点都值得运营人员花费时间与精力将其打造成内容。热点需要筛选，如果忽略这一环节，即便内容创作者投入大量时间与资源，也很难取得较好的结果。那么，热点筛选有哪些技巧？内容创作者怎样才能筛选出真正有价值的热点呢？具体来看，热点筛选可以分为热点梳理和热点评级两个环节。

（1）热点梳理。

从宏观层面来看，热点可以划分为两种类型：一类是节假日、大型赛事等常规型热点；另一类是明星爆料、自然灾害等突发型热点。为借势热点，打造优质内容，内容创作者应优先选择可以提前规划、掌控的常规型热点，在此基础上兼顾突发型热点。为提前做好准备，内容创作者可以使用工具，如表格、思维导图等对热点进行梳理，发现未来一段时间可以利用的热点。

（2）热点评级。

对热点的优先级进行评估，以确定值得投入较多精力运营的热点，不值得投入较多精力的热点，以及不需要跟进的热点。热点评级的依据如下：

- 热点的影响力如何？这一点可以使用百度指数、微指数、微信指数等工具进行判断。
- 与自身的相关度如何？这里的相关度包括关注人群、相关资源等，需要根据实际情况做出判断。

根据上述分析结果将热点划归到相应的象限，对热点的优先级做出评定，如图5-5所示。

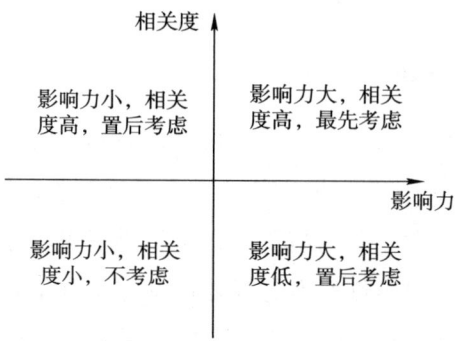

图5-5 热点优先级评定图

◆ **热点需求分析**

明确可以利用的热点之后,需要通过进一步的分析确定专题或话题。热点需求分析包括两大内容:一是舆情分析;二是受众分析。

(1)舆情分析。一个热门事件可能会出现多个议题,内容创作者必须通过分析找到最受关注的议题。在这个过程中,创作者可以借助微博、知乎等工具,筛选出热议的话题,据此拟定专题。例如,新冠肺炎疫情这个热点事件衍生出来的议题有很多,如"英雄城市""最美护士""史上最严防控措施"等,内容创作者要结合自己的内容定位拟定合适的话题。

(2)受众分析。对于同一个热点,议题的方向不同,目标受众群体也不同。以"世界杯"这个热点为例,如果将话题定为"冠军分析预测",吸引的就是资深球迷;如果将话题定为"最帅球星榜",吸引的就是女性观众。对于内容创作者来说,了解不同议题的人群特征,有助于筛选出最合适的议题,使传播效果达到最佳。

◆ **内容分发与组织**

话题确定之后,内容创作者还要关注内容分发与组织,具体来说要关注以下两点:

- 根据用户消费内容的行为路径，找到内容呈现的最佳节点。
- 根据节点特征组织内容，使内容传播、消费效果达到最佳。

（1）分发。明确可以利用的内容消费节点。

内容型产品的消费者大体可以分为两种类型：一类是闲逛型消费者；另一类是目标明确型消费者。闲逛型消费者没有明确的目的，会根据平台推荐及榜单等随意浏览，目标明确型用户则与之相反，会通过搜索、分类寻找自己需要的内容。

内容创作者拟定的话题面向的是目标明确型用户还是闲逛型用户，在内容分发环节的侧重点存在显著差异。除自己所处的平台外，如果内容可以对外传播，创作者可以选择一些外部平台进行内容分发，如知乎、微博等，以获取更多站外用户。

（2）组织。选择合适的内容组织方式。

根据各节点的特征及用户消费场景选择合适的内容呈现方式，以保证内容传播效果。如果选择首页的banner位进行内容传播，需要重点考虑推荐图及文案的组织与呈现，以吸引更多用户；如果选择搜索位进行内容传播，需要拟定合适的文案，以切中用户需求，保证内容分发效果。

第 16 章
精准触达：内容转化的运营5步法

选取素材：内容素材7大类型

对于内容运营者来说，内容输出是一个长期的过程。通过向用户持续提供内容提高用户黏性，促进用户转化。近几年，内容分发平台不断增多，为企业通过内容输出吸引更多用户提供了方便。

通过微信公众号发布的内容只能触达关注了该账号的用户，想要开拓新的用户并不容易。近年来，以头条号、网易号为代表的自媒体平台纷纷崛起，给企业提供了多元化的选择，便于内容运营方吸引更多新用户参与。

要想提高内容的触达率，首先要做好内容生产，这是实现内容广泛触达的前提。换言之就是，内容质量会对最终的传播效果产生直接影响。要想输出优质内容,首先要做好素材收集与整理。

具体来看,自媒体平台的内容素材大致可归结为7种类型,如图5-6所示。

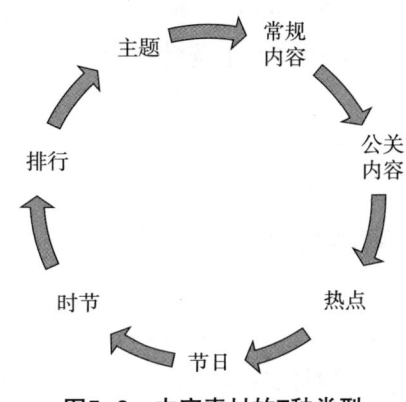

图5-6 内容素材的7种类型

(1)常规内容。适合日常发布的内容就是常规内容。举例来说,如果是互联网科技类自媒体,可以发布时下新推出的网络科技及相关产品。

(2)公关内容。这类内容包括企业所获荣誉、特色产品等。如果企业产品面向商家,在通过自媒体开展运营时就会输出很多公关内容,目的是给企业背书,提高用户的信赖感。这个环节对运营者的要求比较高,要避免以生硬的方式向用户灌输内容。因为生硬的内容会导致用户产生排斥心理。为避免这种情况发生,运营人员要选择合适的内容表达方式。

(3)热点。不少自媒体都会利用当前的热点打造爆款内容,以吸引读者的目光。但在具体实施过程中,运营方应该选择与品牌调性相符的热点,只有这样才能找到高质量的用户,否则很有可能给企业形象的树立造成不良影响。

(4)节日。在节日期间推出符合节日主题的内容,如情人节歌颂爱情、中秋节描写家人团聚等。有实力基础的企业还可以自己创建节日,如天猫打造的"双十一"购物狂欢节等。

（5）时节。具有周期性特征，或随季节变化而调整的内容，具体如微博早期推出的"带着微博去旅行"系列内容。

（6）排行。按照一定的原则排序后呈现出来的内容，如"2020最值得期待的十部电影""网友推荐的最值得购买的十款小家电"等。

（7）主题。与特定活动相关的主题性内容。通常情况下，内容主题也是活动主题。

优化文案：提升内容的感染力

准备好内容素材后，就可以正式进行内容创作了。在这个环节要注重内容表现，以多元化的方式对内容素材进行加工，丰富内容表现形式，如图文结合、添加音视频等，提高内容对用户的吸引力。

在内容创作环节要注重文案优化。目前，文字依然是自媒体最主要的内容形式，不能忽视文案优化工作。文案优化可以从语言和情感两个层面进行。

◆从语言层面进行文案优化

（1）采用简洁的句式，明确主语、谓语、宾语，避免使用冗余赘词，方便用户理解。

（2）从读者角度出发考虑问题，运用同理心，恰当使用类比，降低文案语言的复杂程度。

（3）遵循一定的逻辑，让文案语言表达更加清晰，站在读者角度思考他们对哪种类型的内容充满期待，据此进行内容创作。

（4）保持文案语言的统一性，确定文章主题，并围绕这个主题进行阐述。

（5）运用思维框架对文章的表达效果进行核查，提升文案语言的表现力。思维框架多种多样，代表性的有时间、地点、人物、事件发生经过；视觉、听觉、嗅觉、触觉。也可以从情感表达、故事叙述、语言风格、内容可信度等层面对文案内容进行检验。

◆从情感层面进行文案优化

（1）给用户创造意料之外的惊喜，提升用户体验。
（2）以喜剧化的形式表达悲剧性的内核，给读者留下深刻印象。
（3）突出表现文案针对的都是某一类特定的用户群体，为读者赋予特殊身份。
（4）描写平凡人的成长历程，拉近与用户的距离，对用户产生激励作用。
（5）利用读者的负面情绪，如失望、愤慨、内疚等。

内容创作者的思维工作模式会对其创作过程产生重要影响。人类大脑的工作模式主要包括两种：发散模式与专注模式。通常情况下，创作者在前期会运用发散模式来进行内容构思，后期运用专注模式进行具体创作。

外界环境会对人们的思维模式产生影响。专注模式通常产生于安静的办公环境中，茶饮、咖啡有助于提高精神集中度；发散模式则产生于公园、广场等环境中。创作者可根据自身需求选择相应的环境。

平台发布：选择内容分发渠道

内容只有广泛传播，其价值才能表现出来。从这个层面来看，自媒体内容运营必须重视内容分发。在这个环节，应该充分发挥媒体矩阵的作用。在网络时代，越来越多的自媒体涌现，除微博、微信之外，还有以头条号、网易号为代表的新闻类自媒体，以喜马拉雅、"得到"为代表的音频类自媒体，以搜狐视频、腾讯视频为代表的视频类平台，以及企业号、贴吧等。

内容运营人员在选择内容分发平台时要注重两点：用户匹配与头部选择。

（1）用户匹配。即运营方通过媒体渠道进行内容分发时，应该对平台特征、性质等进行分析，确保与目标用户的需求相符。

（2）头部选择。即应该优先选择头部平台进行内容发布。

举例来说，当内容创作者想通过公众号进行内容传播时，面对市场上纷繁复杂的各类公众号平台，不可能向所有平台发布内容。因为这种方式会消耗大量精力，而且投资回报率较低。最科学的做法是选择一两个影响力较大的头部平台进行内容发布，如馒头商学院、人人都是产品经理等。在头部平台发布的内容，会吸引中腰部平台前来寻求合作。在选择入驻平台时，企业自媒体也可以采用这种模式。如果其内容在头部平台取得了极好的传播效果，就会有更多平台主动寻求合作，为运营方提供更多资源。

企业可以通过持续输出内容提高用户黏性并促进转化，通过多元化渠道分发内容进行拉新，通过组织相关活动吸引用户。在具体操作过程中，平台选择是第一步。在这个环节，内容运营方要优先考虑平台用户与自身用户之间是否存在足够多的交集，然后对平台的流量基础进行分析。

流量用户与转化率的乘积就是新用户数量。例如，某线上教育企业想组织相关活动吸引用户参与，可供其选择的合作平台如下：月活跃用户数量过亿的青年社交平台、月活跃用户过百万的少儿图书产品平台。通过比较发现，后者的价值更大一些。

因为少儿图书产品的消费者多为父母，他们非常注重孩子的教育。如果教育企业与这个平台合作，用户转化率会很高。而青年社交平台的用户呈现年轻化的特点，大部分用户没有孩子，最终的转化率会很低。虽然青年社交平台的流量基础更雄厚，但从转化率来看，少儿图书产品平台的合作价值更大。

为了找到目标用户群体重合度较高的平台,企业可以从自己的供需链中寻找合作对象。例如,线上旅游平台可以选择与食宿服务平台合作,因为两者都位于旅游行业的供需链上,平台用户群体以商务出行人士居多,两者之间存在很大交集。另外,母婴食品电商可以联手儿童玩具电商,这两类企业也位于同一个供需链上,目标用户群体重合度较高。

运营规则:建立内容管理机制

内容运营规则的建立必须对数据、产品、用户等因素进行充分考虑,内容更新、推送频率无须固守一天几次,一次几条等规则,而是要考虑用户获取内容的习惯以及内容的数据表现,与产品、用户表现相结合。

很多营销号的内容更新频率都很高,内容同质化严重。在流量红利时期,这种内容更新能发挥一定的作用,但随着未读内容越积越多,大同小异的内容降低了用户的阅读兴趣,传统的内容推送规则不再适用。

具体而言,内容运营应该遵循3大原则,如图5-7所示。

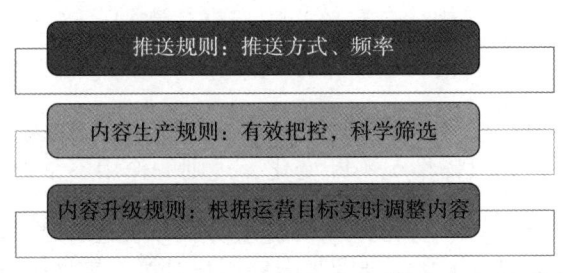

图5-7 内容运营的3大原则

◆推送规则:推送方式、频率

内容推送时间、推送方式、推送频率不是一成不变的,要根据数据、用户、渠道不断地调整。以微信公众号为例,很多人运营微信公众号只是按时发布内容，但如果运营人员可以采用灵活的运作方式，与数据系统相结合，就能向高忠诚度用户发送朋友圈提醒，降低对活跃度不高的用户的内容推送频率，多向其推送唤醒内容。

◆内容生产规则：有效把控，科学筛选

内容有两大来源：一是编辑创作的内容；二是用户生产的内容。对于编辑创作的内容，内容运营人员要对其质量与输出频率进行有效把控；对于用户生产的内容，内容运营人员要按照相应的规则进行筛选，引导用户发布有价值、高质量的内容。

在实际的内容运营过程中，很多内容运营人员都会忽略这一点，导致编辑离职或用户随意发言，使整个内容体系被破坏。所以，在内容运营阶段，内容运营人员必须制定合理的内容生产规则。

◆内容升级规则：根据运营目标实时调整内容

在内容运营过程中，一些内容运营人员为了刺激用户生产出优质内容，将勋章与培养计划相结合对核心用户进行激励，这种方式逐渐演变成了一个稳定的规则。后来，为了推动内容运营规则不断升级，内容运营人员与一些用户签订了内容贡献协议。

内容升级要根据具体情况不断变化，规则的作用不是控制，而是引导。因为相较于分散的用户来说，内容运营人员更了解有价值内容的生产方式，能制定出更容易被用户接受的规则来引导用户升级，推动用户不断进步。

数据导向：高效实现内容转化

对于市场营销人员来说，利用数据驱动内容运营是一项必备技能。内容发布之后，营销人员可以通过数据分析精准定位目标用户，明确内容运

营目标及内容发布之后可能产生的影响。为了让数据在内容运营方面发挥出最佳效用，营销人员必须做好数据采集、数据分析与数据反馈等工作。

具体而言，数据在内容运营中的应用如图5-8所示。

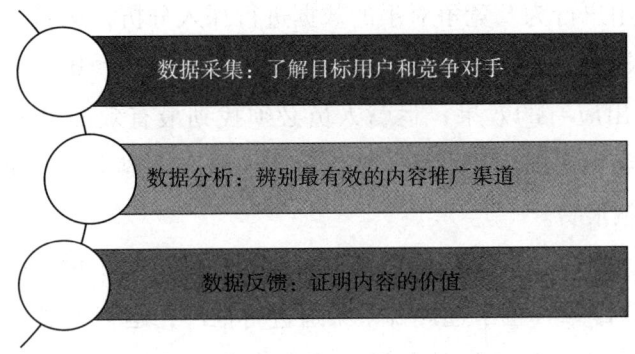

图5-8　数据在内容运营中的应用

◆**数据采集：了解目标用户和竞争对手**

数据驱动运营的难点在于必须精准定位目标用户，根据用户需求有针对性地输出内容，引发用户共鸣。为了深入了解用户，运营人员必须尽可能多地采集用户信息，这些信息必须涵盖用户的线上行为和线下行为。例如，用户在线上搜索了什么问题、关注了哪些话题、点击了哪些内容等。通过对这些数据进行分析，运营人员可以了解用户的兴趣爱好，找到用户共同的行为特征，据此将用户划分成不同的小组，有针对性地生产内容。

运营人员不仅要采集用户的行为数据，还要采集竞争对手的行为数据，包括竞争对手生产了什么类型的内容、选择了哪些渠道进行内容推广、通过内容获得了多少新用户、完成了多少转化等。通过对竞争对手的行为数据进行分析，运营人员可以了解用户对哪些内容感兴趣，对哪些内容毫无兴趣，从中发现创意点，创造一些新内容吸引用户关注。数据采集的目的在于对目标用户及竞争对手做出更深入的了解，思考如何通过内容吸引更多用户,提高自身的附加值。

◆ 数据分析:辨别最有效的内容推广渠道

通过对用户行为及竞争对手的数据进行深入分析,运营人员可以了解用户最感兴趣的内容,从而有针对性地组织内容生产。接下来,为了让这些内容发挥出应有的效果,运营人员必须找到最有效的渠道进行内容推广。如果内容无法被用户看到,那么运营人员在内容生产方面投入的时间与精力就会被浪费。

从整体来看,内容推广渠道有很多,如邮件推送、付费广告、重复营销、与大V合作等。至于选择哪条渠道进行推广,运营人员必须根据用户行为及竞争对手行为数据的分析结果来确定。通过对不同渠道的内容分发效果进行对比,找到用户反馈效果最好的渠道,以切实保证内容推广效果。

◆ 数据反馈:证明内容的价值

在完成内容分发与传播之后,运营人员必须对内容分发效果进行评估,以证明内容的价值。评估指标包括用户与内容的互动方式、内容是否引起了广泛讨论、用户接触内容之后采取了哪些行动等。经过上述评估,运营人员可以对内容价值做出更科学的评定。

如果品牌与内容生产者合作投放内容,很难对内容投资的回报率做出准确评估,但可以通过代理指标对内容所产生的影响进行描述。运营人员可以利用不同的评分系统对不同内容模块产生的营销效果进行评估。例如,用户浏览内容1分,点赞2分,收藏3分,分享4分,最后对分数进行汇总,对不同评分级别用户的消费习惯进行评估,了解评分数据与销售数据之间的关系。一般来说,产品销量越高,内容价值就越大。

Part 6

社群引流

第 17 章
粉丝裂变：移动社交时代的品牌玩法

粉丝认同：打造品牌超级符号

在营销领域，粉丝营销逐渐成为一种非常流行的营销方式，越来越多的品牌意识到粉丝的重要性，想方设法提升目标用户的黏性，将其转化为自己的忠实粉丝，通过粉丝进行品牌传播，从而达到预期的营销效果。但是，随着互联网迅猛发展，尤其是社群商业的强势崛起，粉丝营销环境、营销方式、营销对象等因素都发生了巨大改变。

粉丝营销的基础是粉丝对品牌文化符号的认同和情感认同。为了满足自己的功能性需求，粉丝不仅会认同品牌的文化符号，还会积极利用这个符号蕴含的意义进行再生产。这样一来，品牌代表的文化符号既是消费的前提，也是消费的目的。另外，粉丝会基于对品牌的情感认同做出购买决策。

◆ 文化符号认同

消费者之所以会成为某个品牌的粉丝，对品牌产生强烈的情感，是因为在粉丝眼中，品牌就是一种象征符号。粉丝通过将自己的情感投注到品牌中可以实现自我认同，成为真实的自己。所以，很多粉丝才会将支持品牌视为自己的信念，甚至将其转化为自己的生活方式。

在互联网、新媒体出现之前，消费者只能通过电视、报纸、杂志等为数不多的渠道了解品牌。在消费者看来，品牌只是某种产品或功能的代表，消费者认同品牌实际上只是认可产品。近年来，随着互联网的出现与普及，消费者获取品牌信息的渠道越来越多，与品牌的距离也越来越近。

事实上，为了拉近与消费者的距离，品牌也采取了诸多行动，如通过微博发布信息、进行广告宣传、举办新品发布会等。随着与品牌的距离越来越近，在很多消费者眼中，品牌不再是产品的代名词，而成为一种价值观念、生活方式的代表。久而久之，消费者与品牌形成了同情性认同，消费者认同品牌代表的价值观或生活方式，进而转化为品牌的粉丝。

例如，对于苹果的粉丝来说，苹果就是简约、创新的代名词；对于小米的粉丝来说，小米就是国货情怀的代言者。通过品牌发布的广告、微博，粉丝会对品牌产生强烈的认同感；但通过社交网络，粉丝会发现趣味相投之人，聚集在一起形成社群，"果粉""米粉"等粉丝群体就是这样产生的。这些拥有同一个标签的粉丝会产生强烈的归属感，对品牌产生强烈的认同感。

◆ 情感认同

用户之所以会成为某个品牌的粉丝，就是因为产生了情感认同。粉丝的情感具有一些显著特征。

（1）极强的"发泄欲"。

粉丝对迷恋对象的情感非常强烈，情感表达方式也比较夸张，见到迷恋对象经常出现情绪失控现象，例如，粉丝见到自己喜欢的明星会大声尖叫、手足无措，苹果的粉丝看到新品上市会不问价钱，通过各种渠道将新品收入囊中。尤其是在苹果公司的新品发布会上，粉丝热情高涨，尖叫声、欢呼声、掌声持续不断，甚至还有粉丝会激动到哭泣。

（2）强烈的"奉献性"。

只要迷恋对象能从中受益，粉丝就会无条件地付出。例如，在小米公司的粉丝社群中，粉丝会主动为新手机开发应用软件、专属铃声、桌面主题等，以便新手机可以拥有更加丰富的功能。甚至还有粉丝会为小米新品手机免费设计广告，修复手机漏洞等。

（3）强烈的"保护欲"。

粉丝对迷恋对象有着极强的保护欲，不允许任何人诋毁或者批评迷恋对象。粉丝之所以如此，就是因为在迷恋对象身上寄托了情感，通过与其他粉丝的互动形成了群体情感的认同，于是就对迷恋对象产生了强烈的保护欲。

综上所述，用户之所以会成为某个人、某个品牌的粉丝就是因为产生了文化符号认同和情感认同。所以，品牌要想吸引用户，增强用户黏性，就要引导用户认同品牌的文化符号，引起用户的情感共鸣，将普通用户转化为粉丝，对其价值观和生活方式产生影响。

传播变革：重塑品牌营销模式

互联网的出现不仅改变了信息传播方式，而且改变了人在信息传播中的地位。在品牌信息传播的过程中，粉丝从单纯的信息接收者转变为信息创造者，主动参与信息生产与传播，打破了传统的品牌营销模式，推动品牌传播实现了大变革。在这个阶段，品牌传播与营销的特征如图6-1所示。

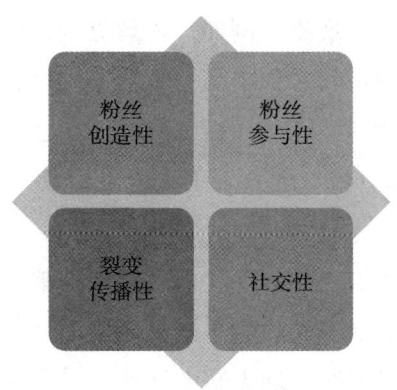

图6-1 品牌传播与营销的特征

◆ **粉丝创造性**

在互联网出现之前,信息发布者与接收者各占一方,中间的界限非常清楚。信息发布者是品牌、企业,它们发布何种信息,受众就要接收何种信息,被动地消费信息,根本无法参与信息生产。

但在互联网出现之后,粉丝不仅可以通过社交网络平台获取品牌信息,还能参与内容创造。内容创造者与消费者不再泾渭分明,二者逐渐融合、渗透,最终将融为一体、无法区分,从而产生一种新型的生产型消费者。显然,社群环境中的粉丝就是生产型消费者,这些粉丝不再被动地接收信息、消费信息,而是积极参与信息创作与品牌传播,如为品牌设计logo、创作广告等,将自己的创造性充分释放出来。

◆ **粉丝参与性**

在社群出现之前,粉丝传播信息的门槛与成本都比较高,在这种情况下,粉丝不愿意参与营销传播,也不愿意与品牌互动。而随着社交网络平台的出现,基于便捷、即时、互动等特点,该平台打破了信息传播的时空限制,吸引粉丝高效、准确地参与到信息传播中来。同时,社交网络平台的出现还打破了信息垄断，为粉丝获取信息、发布信息提供了极大的方便，刺激粉丝积极、主动地参与品牌的营销互动。

除此之外，社交网络的迅猛发展还增强了互联网的社交属性。特别是随着移动互联网迅猛发展，网络全面融入人们的日常生活，人与人之间的沟通障碍被打破，彼此之间的地位、身份更加平等，粉丝群体也实现了大范围拓展，从大众文化的接受者到品牌崇拜者，粉丝通过社交网络发表自己对品牌的看法，与其他粉丝交流。基于此，在社交网络环境下，粉丝会更加积极、主动地参与品牌营销，自发地关注品牌动态，传播品牌信息。

◆ **裂变传播性**

社交网络降低了消费者参与品牌传播的门槛，也使信息传播结构发生了巨大改变。以社交网络为依托，所有用户都可以自由地表达自己的观点，每位用户都能成为"自媒体"，发出自己的声音，成为信息传播节点。如此一来，信息传播结构就从单轨链式转变为网状、裂变式传播，即从企业—用户的单向传播演变为企业—用户、用户—用户、用户—企业的双向网状传播。

粉丝不仅可以通过社交网络平台发布信息，还能发现志同道合、兴趣相同之人，聚集在一起形成粉丝群体，共同为品牌发声。随着来自世界各地的粉丝通过社交网络会聚在一起，就能形成强大的影响力。

◆ **社交性**

随着经济发展、消费升级，粉丝的关注重点逐渐从品牌的功能属性转向价值属性，如品牌形象、口碑、内涵等，并对品牌产生了极大的信任。于是，在社交网络中，品牌就成了粉丝交流互动的连接点。

因为都信任品牌，都对品牌体现出来的价值观与生活方式产生了认同，所以就有了聚集成群的基础条件。于是，粉丝通过讨论、分享品牌信息聚集在一起，围绕品牌形成一个圈子，进而产生蜂群效应。也就是说，这些粉丝不只在圈内交流品牌信息，还对外传播品牌信息。

精准转化：从获客到流量变现

基于传统的营销策略，企业的营销活动处在传统的4Ps营销框架[①]中，关注点大多在产品更迭频率、渠道开发、促销、价格制定、广告投放等领域。这种传统的营销方式的应用需要丰富的人力、物力等资源作支撑，不是所有公司都可以负担得起。

另外，互联网、社交网络的迅猛发展极大地拓展了消费者获取信息的渠道，他人的评价与分享、产品或品牌的网络口碑都会对消费者的消费行为产生影响。如果一个品牌或产品的网络口碑较差，就很难产生较好的营销效果。在社交网络迅猛发展的趋势下，再加上粉丝消费表现出来的新特征，品牌开展粉丝营销是迎合经济发展趋势、社会发展潮流的重要举措。

相较于传统营销来说，在社交网络下开展粉丝营销更有优势，社交营销的3大优势，如图6-2所示。

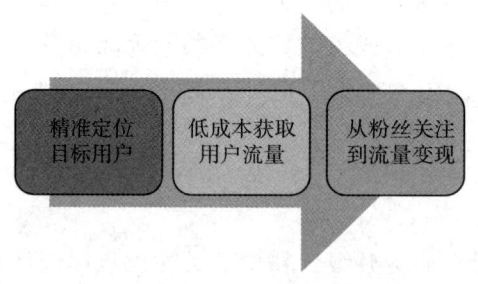

图6-2　社交营销的3大优势

---

① 尼尔·博登（Neil Borden）认为市场需求或多或少地受到所谓"营销变量"或"营销要素"的影响。为了寻求一定的市场反应，企业要对这些要素进行有效的组合，从而满足市场需求，获得最大利润。博登提出了12个要素。1960年，杰罗姆·麦卡锡（McCarthy）将这些要素概括为4类：产品（Product）、价格（Price）、渠道（Place）、促销（Promotion），即著名的4Ps。

◆ 精准定位目标用户

粉丝营销活动开展的主要场所就是社交网络，该网络涵盖了大量用户信息。基于这些用户信息，品牌可以开展精准营销。再加上，近年来，大数据发展成就显著，品牌利用社交网络开展粉丝营销，可以利用大数据搜集用户信息，从而对用户的购买力、消费习惯、对品牌的态度、审美偏好等情况做出全面了解，从而制定有针对性的营销策略。

除此之外，利用社交网络开展的粉丝营销还打破了时空限制，可以随时随地向目标受众群体传播品牌信息、产品信息，不用像电视广告一样在特定时间播放。而且，利用社交网络开展粉丝营销可以一对一地与目标受众交流，让目标受众在闲暇时间接收到特定信息，以切实提升信息传播效果。

◆ 低成本获取用户流量

粉丝营销的重点在于粉丝自发传播，因为粉丝自发传播的速度快、范围广、成本低。所以，对于企业来说，粉丝相当于编外营销人员。为了做好粉丝营销，品牌可以与社交平台上对自己的目标用户群体具有较大影响力的KOL合作，通过KOL将信息传播给更多目标受众知晓。相较于传统的营销策略来说，这种营销方式能实现精准、高效的传播，获取更多用户资源。

另外，随着移动互联网迅猛发展，社交网络渗透到人们生活的方方面面。在此形势下，用户不再只通过微博、贴吧等社交网络获取信息，还利用这些平台创造信息、消费信息。在此趋势下，粉丝营销可以有效激发用户的创造性，吸引用户参与到品牌营销的全过程中来，让品牌与消费者开展有效互动，使营销效果达到最佳。

◆ 从粉丝关注到流量变现

从理论上来讲，企业开展社交营销，只要积累了足够的粉丝就能提升产品销量，拓展商品销售市场，事实却并非如此。如果企业一味地追求是否触及消费者，不考虑消费者真正的兴趣点与需求，提供的内容不符合消费者喜好，社交营销就不会达到应有的效果。

另外，很多企业依然在使用传统的营销思维开展社交营销，信息多是单向传播，不注重与粉丝的互动，导致粉丝活跃度较低。最后，很多企业将社交营销与粉丝经济混为一谈，只是将原来的产品放到线上渠道销售，没有融合创新。在这种模式下，粉丝沉淀效果、转化效果都不理想，产品销量自然难以提升。

粉丝经济不仅可以实现流量变现，还能推动品牌营销持续转化。如果一个品牌拥有海量粉丝，推出任何一款新产品都能实现快速传播，迅速打开市场。粉丝经济的流行离不开微博等社交平台的推动。企业通过微博等社交平台与用户互动，积累越来越多的用户数据，之后就可以与企业的客户服务中心对接进行引流，将用户需求接入电商平台，完成销售转化。

企业可以利用事件营销传播内容，通过转化粉丝实现用户数据的流转。如果企业正处在成长阶段，就要专注于粉丝吸引与转化，通过新产品提升品牌价值。如果企业已经迈入成熟阶段，就要专注于提升用户黏性，增强消费者对企业的好感，创新产品与营销模式。

微博发布的社会化营销解决方案就是通过对社交数据与企业数据进行整合，将企业的Social CRM体系打通。企业通过对用户在微博平台上的行为进行分析，将其接入自己的用户数据系统，从而绘制清晰的用户画像。企业可以根据这个画像为粉丝提供符合其习惯与喜好的商品与服务，提升企业与用户的互动率及广告投放的转化率。

粉丝运营：品牌粉丝营销策略

在互联网时代，粉丝经济已经成为品牌的主流营销策略。品牌通过各个渠道获取粉丝，形成高忠诚度的粉丝群体之后，如何让这些粉丝发挥作用，为品牌带来实际的收益呢？这就涉及了一个非常重要的话题——粉丝运营。具体来看，品牌的粉丝运营可以采取以下几大策略，如图6-3所示。

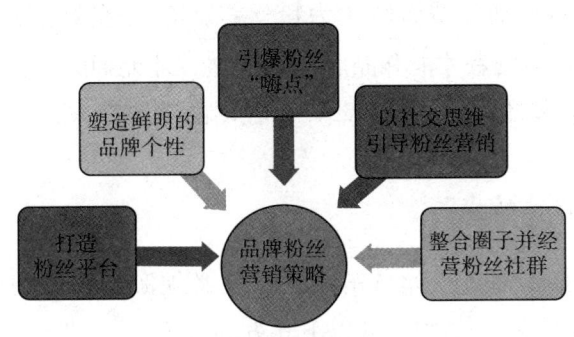

图6-3　品牌粉丝营销策略

◆打造粉丝平台

品牌要想开展粉丝营销，必须做好网络平台的构建，因为粉丝营销的开展效果如何，中介发挥着至关重要的作用。品牌粉丝营销要对社交网络平台进行有效利用，以微博、微信为基地打造自己的粉丝互动平台，传播既涵盖了品牌信息，又契合了用户需求的内容，在与粉丝频繁互动的同时，对品牌形象进行持续深化，推动信息在多个平台间频繁流动。

品牌要利用粉丝平台吸引粉丝参与内容创作与传播，通过粉丝参与扩大内容传播范围，提升内容传播效果。除此之外，一个良好的粉丝平台还能形成口碑传播，通过口碑传播获得更好的营销成果。

◆塑造鲜明的品牌个性

品牌要想培育高忠诚度的粉丝就要保证自己有鲜明的个性。品牌的可持续发展离不开粉丝的支持，要想获取粉丝，提高粉丝对品牌的忠诚度，必须准确把握粉丝需求，想方设法满足其需求，带给其超乎想象的购物体验。

也就是说，品牌只有形成自己独特的文化才能真正吸引粉丝，让粉丝在自己身上投注情感，进而形成粉丝文化。从本质上来看，粉丝文化就是消费者情感的表达，而情感是诱发购买行为的重要因素。所以，品牌要想吸引消费者，将普通消费者转化为粉丝，就必须形成个性鲜明的品牌文化。只有如此，消费者才能和品牌顺畅沟通，才能通过共同的消费理念和生活方式形成粉丝集群，刺激粉丝产生狂热的消费行为。

◆引爆粉丝"嗨点"

品牌要想真正通过粉丝营销制胜，就必须激发粉丝的积极性、主动性。要想做到这一点，品牌可从以下几方面着手：

（1）抓住粉丝的兴奋点给予刺激，让粉丝兴奋起来，从而受到粉丝的追捧。虽然"好的产品会说话"，但这并不代表好产品不需要推广，只有真正优质的产品才有可能通过粉丝营销取得佳绩。如果产品质量不好，通过粉丝反馈与传播就会臭名远扬。

（2）为粉丝提供社交点。粉丝营销的重点是粉丝参与，让粉丝保持一定的参与度与活跃度，主动制造社交话题。所以，品牌要想更好地传播信息，必须根据用户习惯对品牌本身的社交属性进行挖掘，为粉丝提供社交点。

（3）为粉丝创造分享点。品牌推广离不开粉丝分享。从本质上来看，粉丝分享就是将品牌信息通过人际关系进行大范围传播，这一点关乎品牌营销的成败。要想让粉丝主动分享信息，就必须为粉丝提供分享点，如产品独特的卖点、品牌特有的文化等。

◆以社交思维引导粉丝营销

在传统媒体时代，品牌最常见的营销方式就是在电视、报纸、广播等传统媒体上投放广告，将品牌信息展示给用户，以切实提升营销效果。但进入新媒体时代之后，微博、微信等社交平台颠覆了传统的品牌营销方式。

对于社交网络来说，社交属性是最重要的属性，所以社交网络下的粉丝营销必须以关系为核心，以社交思维为指导，吸引粉丝积极参与。这就表示，在社交网络环境下，由"信念"产生"忠诚"的消费模式将逐渐被由"满意"产生"忠诚"的消费模式所替代。

具体来说就是，快速发展的社交网络打破了信息不对称情况，粉丝可以通过多元化的渠道获取信息，对品牌的关注点也将从功能性价值转向非理性的社交因素，如情感、信仰等。粉丝关注的是通过品牌能够实现自我价值，完成自我身份的构建，这是品牌的终极价值。所以，在社交网络环境下，品牌要以社交思维为指导，关注粉丝的精神需求，以切实提高营销效果。

◆整合圈子并经营粉丝社群

在社交网络环境下，兴趣相似、价值观相近的粉丝非常容易聚集在一起形成粉丝群体，基于对共同忠实品牌的情感认同形成圈子。

品牌在网络上的粉丝数量不仅可以反映消费者对品牌的关注度，还能反映品牌的营销价值。品牌的粉丝数量持续增加，就能在社交网络平台实现病毒式传播与扩散，营销价值就能呈现指数级增长。而在社交网络中，粉丝最集中的地方就是粉丝"圈子"。

所以，品牌要想充分发挥粉丝营销的价值，就必须打破粉丝个体的局限，做好粉丝社群的经营。通过组织开展各种活动、发布热点等方式将粉丝聚集在一起形成圈子，或者将一些现有的粉丝圈子结合起来形成新圈子。以新圈子的价值认同、情感认同为基础，对各种资源进行整合，实现裂变式营销。

综上，社交网络有很多传统媒体不具备的优点，打破了粉丝营销惯有的发展趋势，颠覆了传统的粉丝营销策略。品牌只有牢牢掌控粉丝营销的发展趋势，利用粉丝营销的心理机制，采用科学的营销策略吸引粉丝参与，将粉丝营销的优势充分发挥出来，才能达到品牌营销既定的目标。

第 18 章
运营实战：从运营到变现的进阶攻略

第1步：明确社群定位

明确社群定位是社群运营的先决条件，是社群成功运营的基础。社群的精准定位可以划分为两大类型，如图6-4所示。

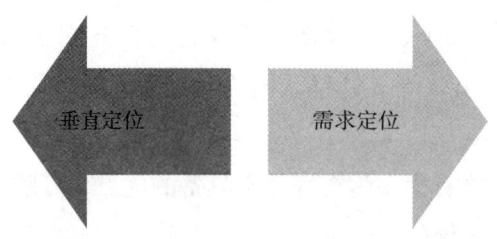

图6-4　社群精准定位的两大类型

◆垂直定位

垂直定位指的是聚焦某个垂直领域创建社群，例如，聚焦母婴领域创建母婴社群、聚焦绘画领域创建绘画社群等。至于聚焦什么领域，社群创建者可以根据自己或团队成员的爱好决定。目标用户群体明确之后，社群运营的质量与效率自然可以大幅提升。

试想一下，一位母亲利用自己的闲暇时间创建了一个母婴社群，每天发布育儿、亲子教育、婴儿护理等方面的内容，有时还会推销一些产品。另一位母亲偶然间发现了这个社群，发现内容质量很高，帮自己解决了很多问题，而且通过追踪发现社群运营者也是一位母亲，于是产生了共鸣。此后，但凡需要什么产品，这位母亲都会率先进入社群找寻。

其实，垂直定位可以划分为两种类型：一类是内容定位，上述提到的母婴社群、绘画社群、读书社群就是按照这一标准划分的；另一类是地域定位，如乡镇社群、社区社群等。无论采用什么标准对社群进行定位，定位的垂直度越高，社群成员的归属感就越强。

◆需求定位

社群需求定位同样可以划分为两种类型：一种是产品资源型；另一种是知识服务型。产品资源型社群就是专门分享某种产品资源的社群，如微商；知识服务型社群就是分享某种知识技能的社群，如线上的艺术培训班、英语学习社群等。

需求定位与垂直定位之间没有明确的界限，后期运营管理时要兼顾。之所以按照这种方式对社群进行分类，就是为了方便大家对垂直定位、需求定位这两个概念进行理解，明确社群运营方向，为社群成功运营奠定良好的基础。

第2步：搭建管理机制

在一个优质社群中，每位社群成员都应该扮演不同的角色，承担不同的责任，如意见领袖、核心成员、普通成员等。只有这些各不相同的人聚集在一起才能形成社群，因为社群的功能不只是分享，还需要社群成员之间相互沟通、交流。为做好社群管理与运营，必须建立一套科学的管理机制，让社群成员各司其职，推动社群有序发展。在搭建管理机制方面，社群创建者应该重点考虑4个方面，如图6-5所示。

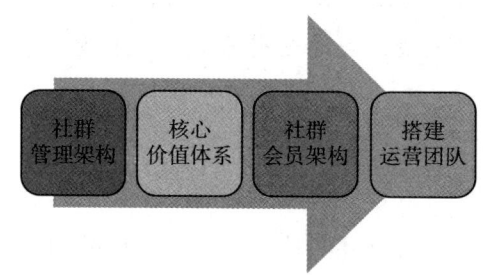

图6-5 搭建社群管理机制的4个方面

◆ **社群管理架构**

在一个社群中，意见领袖往往拥有更完整、更专业的知识架构，对社群发展发挥着重要的支撑作用。在社群运营的过程中，团队成员对社群内容的理解、相互之间的配合直接决定着社群基因。

社群要制定科学的规则制度、价值观和行为准则，如激励机制、奖惩机制、会员积分体系等能够增强社群凝聚力的制度，并且要有效地贯彻落实这些制度。

评价机制要以社群的贡献度、参与度为参照，制定社群规范，以制度、层级、角色为依据对社群成员进行划分，通过权力与利益分配、激励干预、奖惩措施对社群行动进行控制，以切实提升社群的认同感与执行力。在社群发展到一定程度后，要以社群成员的贡献度、影响力为依据将社群成员划分成不同的等级。会员等级不同，享受的权限也不同。

激励包括利益激励、情感激励、荣誉激励。社群要想做好激励，关键要给出简单、清晰的目标，让社群成员明确自己的任务，主动完成任务，促使社群运营目标逐一实现。

◆ 核心价值体系

在社群运营过程中，核心价值观的输出非常重要，这个价值观可以是意见领袖的价值观，但最好是整个团队的价值观。因此，在社群创建的过程中，创建者不能只追求利益，还要形成人文情怀、愿景目标等价值观体系；不仅要制定一套常规的奖惩措施，还要创建一套全新的运营机制。

◆ 社群会员架构

根据"二八原则"，一个社群中必有20%的积极会员，他们可以带动整个社群的氛围，感染剩下的80%的会员，提高其参与社群讨论及社群活动的积极性。以小米社区为例，这个社群中有20%的精英会员，他们伴随小米成长发展，现在可以直接参与小米的一些活动，如新品发布会、米粉节等。在小米社区中，这些会员就是当之无愧的KOL，可以直接影响社群舆论，对社群发展起着重要的决定作用。

◆ 搭建运营团队

社群运营需要各类人员的配合，包括管理员、主持人、记录官、采访官等。为此，社群运营必须设定各个职位，安排合适的人员，明确其工作职责。为强化这些职位的权力与责任，可以在社群内部开展正式的封官授权，如颁发职位邀请函、颁发职位证书等。

另外，为了对运营团队产生激励作用，社群创建者必须对管理员进行深入分析，了解其需求，面向全职管理员设置考核标准，请全职管理员对兼职管理员进行管理，对义务提供帮助的社群成员给予奖励。社群创建者要围绕社群创建的目的制定考核标准，如社群成员的续费率、成果率、合作事件的数量、策划活动的数量等。为保证考核结果公平、公正，可以让社群成员以匿名的形式对管理员进行评价，以获得真实反馈。

第3步：招募社群成员

社群成员招募有两大渠道：一是借助各种平台开展线上招募；二是通过发起线下活动进行线下招募。下面对这两种社群成员的招募方式进行具体阐述。

◆ 线上招募：借助内容和平台

线上招募有两种方式：一是内容引流；二是平台引流，如图6-6所示。

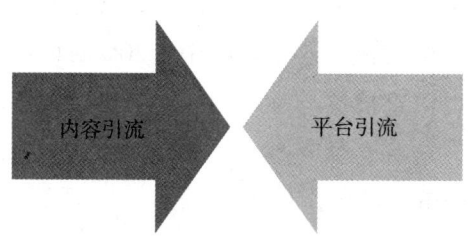

图6-6 线上招募的两种方式

（1）内容引流。

内容引流就是通过在各大平台发布优质内容吸引用户，内容类型包括图文、视频、音频、直播等。内容质量越好，内容优势就越明显，社群的差异化优势就越显著，社群成员的招募效果就越好。

（2）平台引流。

平台引流就是通过一些流量平台招募社群成员，如微信、微博、抖音、快手等。随着抖音、快手等垂直领域的平台崛起，京东、天猫等综合类平台的线上流量开始下滑。于是，这些垂直类平台引起了很多自媒体平台意见领袖的注意，他们试图从中寻找机会，从各个维度占据言论高地，为社群吸引一大批优质会员。

线上流媒体推广是一个漫长的过程，不能一蹴而就，需要社群运营者不断输出有价值的内容，这个过程可以称为知识产品化。简单来说，知识产品化就是知识变现，将知识变成一种可复制、可流水线生产的内容，再将其转化为真实可用的资产。

很多人认为社群运营要从写文章开始，其实写文章只是社群运营的基本要求，更重要的是要了解用户的潜在需求与行为习惯，实时掌握整个行业的发展方向。社群运营人员只要以这些内容为素材生成一篇文章，发布到各大自媒体平台，就能引发用户共鸣，达到招募社群成员的目的。

◆ 线下招募：活动和地推

社群成员招募不能只注重线上渠道，还要经营好线下渠道，通过召开线下活动、赠送礼品、派发样品等方式与用户建立联系，然后再慢慢筛选沉淀，最终获得一批高质量、高黏性的社群成员。虽然这种会员招募方式比较传统，甚至有些陈旧，但却最直接、有效。当然，相较于线上会员招募来说，线下会员招募消耗的人力成本、财务成本要高很多。

第4步：沉淀核心用户

社群价值主要通过社群运营体现出来，因此，做好社群运营非常重要。一般情况下，社群运营需要一个专门的执行团队来开展拉新、促活、内容生产、粉丝互动、活动策划、客服等各项工作。当然，如果社群创建者是企业，这些事项还可交由新媒体运营人员负责。但在社群运营之初必须采取全员战略，通过公司内部的人脉关系网获取社群的核心用户。

用户需求多种多样，在社群环境中，用户需求可以聚集到一起，之后又可以进行细分，让用户获得更高的社群价值。即便是发烧友社群，如果能推出一些新玩法，也能使社群文化变得更加丰富、更有人性、更具亲和力。

从本质上来看，社群就是一种运营工具。一个社群的质量在很大程度上取决于很多因素，包括粉丝数量、留存的粉丝数量、社群氛围、社群内容的数量与质量、社群产生的业务数据、社群核心成员的价值与质量等。那么，我们应该如何沉淀核心用户呢？具体而言，社群运营人员可以采取以下策略，如图6-7所示。

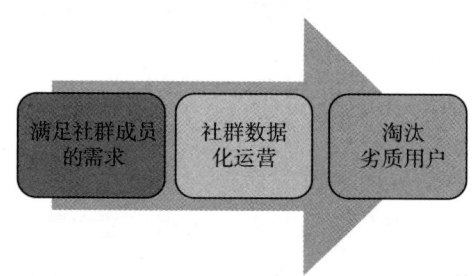

图6-7　沉淀核心用户的策略

◆ 满足社群成员的需求

汽车、房产、旅行等低频消费行业为了做好潜在用户留存，除了通过微信公众号为用户提供有价值的内容之外，还可以做延伸，根据用户兴趣构建兴趣社群（如绘画群、高尔夫群、养生群等），通过满足社群成员的兴趣爱好来维持其对企业的好感，以实现用户留存。这种做法与某些企业在内部开设健身馆、高尔夫俱乐部的做法有异曲同工之处。

◆ 社群数据化运营

社群的数据化运营可以分成两部分：一是社群本身的数据分析；二是对产品业务产生影响的数据分析。社群运营要尝试进行数据分析，通过数据分析来提升社群用户的质量，保证用户留存数量。社群运营可以分析的数据有社群带来的业务数据、内容数量与质量、社群氛围、社群核心成员的质量与价值等。

社群用户行为分析是建立在用户行为基础上的分类统计，内容分析则是对社群UGC内容的数量、特征的数据反馈。从本质上看，社群用户行为分析就是通过用户在社群中的行为数据对用户进行分类，根据不同用户群体的特征开展精细化运营，以切实提升社群用户的活跃度。

通过社群数据化可以有力地证明社群对企业的贡献。企业任何投入都有自己的商业目的，要将社群运营的价值体现出来就必须做好数据分析与反馈。如果企业运营社群的目的就是拓展业务，社群运营人员就必须明确在某个时间段内社群在提升业务数据方面的效果。效果不好就要停止社群运营，反之就要加大在社群运营方面的投入。

◆ 淘汰劣质用户

无论企业创建社群的目的是什么，为了保证社群运营效率，在社群用户达到一定规模后必须有选择地淘汰一些质量差的用户；不断吸引对企业发展、社群发展有利的用户，并将其纳入社群的核心用户；将表现差的社群用户转移到促销群或广告群。另外，企业要做好核心用户群的运营与沉淀，有计划地对非核心用户的活跃用户投入资源，剔除经常发布恶意内容的用户，并做好这部分用户的沟通工作，以免诱发更大的危害。

第5步：社群商业变现

社群运营人员首先要明确一个问题，社群变现不仅包括金钱变现，还包括资源变现以及人脉变现。虽然金钱变现只是社群商业变现的一部分，但因为效益直接且明显，所以备受关注。下面我们对社群商业变现的几种常见方式进行梳理，具体如图6-8所示。

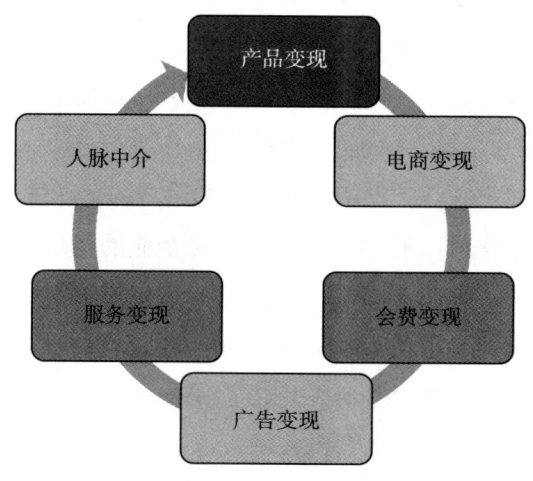

图6-8　社群变现的6种模式

◆**产品变现**

从广义上来看，产品不只包括实物商品，还包括咨询、培训等服务。社群运营人员如果选择通过产品变现，必须保证产品符合社群调性，质量好，且具有差异性，以获得社群成员的认可，吸引社群成员购买。如果产品质量差，无法切中社群成员的需求，很有可能导致耗费诸多心血与精力建立起来的社群关系迅速崩塌。其实在产品变现方面，社群具备天然优势，可以根据手机用户的需求引导用户参与产品设计，从而推出契合用户需求的产品,以吸引用户购买,完成转化变现。

◆ 电商变现

电商变现就是将社群作为一个销售渠道,向社群成员推销符合其需求的产品,吸引社群成员购买,从而完成转化变现。虽然电商天生具有平台属性,是用户与垂直品类产品的交流通道,非常适合用来进行社群变现。但是如果社群成立之后立即推销产品,且始终以推销产品为目的,即便可以聚集大规模用户,也只能称为电商,不能称为社群电商。

◆ 会费变现

有些社群规定,社群成员加入社群、参与社群活动、享受社群服务,必须支付一定的费用。如果社群或社群领袖掌握着某种独特的资源,本身具有势能优势,自然可以向社群成员收取"入场费"。这不仅是一种变现方式,还是一种筛选粉丝的手段。因为社群与粉丝群不同,社群聚集了一大批拥有共同目标及价值观的人,成员必须仔细筛选,收取会费就是一种非常有效的筛选手段。如果社群成员愿意支付会费,说明其对社群的认可度较高,加入社群之后会积极配合社群活动,为社群变现及发展贡献力量。

◆ 广告变现

广告变现就是将自媒体的运营模式复制到社群中来,这种变现方式对用户质量、合作伙伴的质量要求较高,否则不仅无法完成变现,还会导致社群成员流失。广告变现最好以合作的方式开展,在社群内部潜移默化地进行,切忌像硬广告一样发完就走。

社群原本就非常注重运营与互动,社群成员又相对精准,广告变现要想达到预期效果,必须以良好的社群运营和精准的用户匹配为基础。但因为社群用户数量有限,所以广告变现可能会在短期内产生效果,但很难持久。

◆ **服务变现**

社群运营可以通过免费的方式尽可能多地聚集精准粉丝,通过为用户提供精准服务向有需求的用户收费。例如,霸王课通过"收费好课免费学"的方式聚集用户创建了一个社群,但如果用户想获得专业的指导与服务,利用最短的时间获得所需技能就必须付费。因为霸王课优质的服务,很多用户都接受了这种收费模式。因为在用户看来,只要服务质量足够好,能够帮助他们解决问题,他们就愿意为其付费。

◆ **人脉中介**

社群成员虽然有很多共同特质,如有共同的兴趣、偏好、需求等,但也存在一些差异。社群成员因共性而协作,因差异而互补。其实,从本质上看,社群运营的不是微信群,而是人。社群成员之间只有相互协作,互通有无,才能产生更多价值。为此,社群运营者要做好与社群成员的合作,合作方式不限,可以是产品代销、资源配置或者人脉链接。无论选择什么方式合作都要谨记一点,即人是所有事物的中心节点,通过一个人可以与其身边的所有资源建立连接。社群就可以在了解社群成员需求,为其匹配资源的过程中获取收益,完成变现。

变现是社群运营的终点,社群商业变现的方式还有很多,上面讲述的只是常见的几种,社群运营人员可以根据自己的实际情况自由探索,不断拓展变现渠道,挖掘更多可能。

Part 7

微信公众号引流

第 19 章
实战攻略：公众号运营思路与技巧

第1步：精准自我定位

微信公众号运营首先要明确自身定位。因为只有明确定位才能明确未来的发展走向，才能选择合理的运营方式并进行内容设计，找到平台用户的共同特征。在运营微信公众号的过程中，要注重细节处理，品牌定位就是一项重要内容。

微信公众号的品牌定位由品牌形象与品牌调性共同构成。公众号呈现的视觉元素就是品牌形象，具体如公众号名称、头像、内容简介、公众号顶部及末尾的"引导关注"、文章里出现的特殊符号、菜单栏的形式及内容等。公众号的内容及相关视觉元素体现出来的风格就是品牌调性，是平台独特性的体现。在这方面，故宫淘宝、LinkedIn是典型代表。

微信公众号在运营过程中需要做好拉新工作，也就是让更多新用户关注自己。实践证明，用户主动关注某个微信公众号的情况大致有两种：第一，微信公众号输出的内容得到了用户的认可，如历史消息或者当期内容与用户的喜好及价值观一致，就能够促使用户关注；第二，用户喜爱微信公众号采用的视觉元素，从而点击关注。

在这两种情况中，第一种情况最为常见。根据数据调查结果，如果微信公众号缺乏鲜明的个性，内容风格不突出，被用户关注的可能性就比较小。因此，微信公众号自成立之日起就应该明确自身定位。

在运营微信公众号的过程中，明确用户定位与内容定位也是十分必要的。在这方面，有些运营人员对于内容和用户哪一个起决定性作用感到困惑。用户与内容究竟哪一个更重要，确实不容易区分。在实际运营过程中，运营人员可以采取如下方式：

如果是品牌类公众号，建议将用户放在主导地位，原因在于品牌拥有明确的目标用户群体，根据用户兴趣进行内容输出能够降低运营难度；如果是自媒体类公众号，则建议将内容放在主导地位，因为自媒体通常聚焦于某个垂直领域，用户类型比较固定，用户群体分布比较集中。

从总体来看，无论以用户为主导，还是以内容为主导，微信公众号运营都要围绕用户开展。也就是说，微信公众号运营人员需要明确用户类型，掌握用户需求，为用户提供相应的内容服务。对于运营者来说，只要能够聚焦于特定领域，面向与该领域相关的目标用户开展精细化运营，就能够取得较为理想的效果。因为采用这种模式的微信公众号能够对垂直领域进行深入挖掘，为用户提供精品内容。

在对目标人群进行准确定位后，接下来要做的就是将信息传递给用户，成功获取用户的注意力及关注。在信息传递之前，运营人员要做好准备工作，也就是上文提到的明确公众号定位、锁定目标人群等。

公众号运营人员可以通过多种方式向用户进行信息推广，举办相关活动吸引用户参与就是一种有效的方式。具体如鼓励用户在朋友圈分享信息，经公众号认定后获得相关优惠等。

一般情况下，用户只有认可了某个微信公众平台的内容，才会点击关注。在关注的过程中，用户会采取以下行为：

（1）接触平台内容并表示认可。基于用户的这一行为，微信公众号运营人员要注重文章标题的设置，提高内容质量，还可以与权威平台合作，通过这类平台推广内容，提高对用户的吸引力，获得用户的认可。

（2）用户会对公众号的内容及视觉形象进行评估，确定这些元素对应自身的需求。大部分用户会通过搜索微信号或名称、点击内容页中的提示入口，或者直接扫码的方式关注微信公众号。因此，运营人员在进行信息传播与推广的同时，应该为用户提供直接、有效的关注入口，例如，将二维码置于文章末尾等，降低用户的关注成本。

第2步：建立用户画像

在微信公众号运营过程中，运营人员比较注重内容，要求内容原创、优质、有实用价值。但很多时候，运营人员绞尽脑汁撰写了一篇符合上述要求的文章，并对格式做了细心调整，结果文章阅读量依然不高。追根究底，导致这一问题产生的原因就是，内容不符合受众群体的需求。

为避免这种情况发生，公众号运营人员要具备较强的目标人群调研能力，对账号粉丝进行深度调研，了解他们的需求、偏好，了解他们所处的年龄层、学历、职业，思考自己可以为他们提供何种服务。具体操作如下：

（1）后台下手找触点。通过微信公众号后台的用户分析获取一些信息，在此过程中，运营人员需要重点关注三项内容：一是粉丝地区分布，因为有的时候热点与地域关系最密切；二是使用设备的分布情况，这一因素与内容显示效果有关；三是男女分布比例，这一因素与内容调性、内容风格有关。

（2）趋势总结最重要。在用户调研过程中，运营人员可以以月为周期对文章阅读量趋势进行分析，由此了解用户的文章喜好，这属于内容调研。

（3）注册表单知喜好。运营人员可以尝试为公众号制作一个注册表单，收集用户信息，了解用户对内容的兴趣点。

（4）提升自己的调研能力。为提升自己的调研能力，运营人员可以经常访问Gartner、Interbrand、Forrester等网站。这些网站经常发布一些专业报告，其中有很多针对用户行为分析或者用户画像的调研报告。运营人员要经常阅读、分析这些报告，根据公众号的受众群体确定内容与服务。

运营人员可以通过一些活动将目标受众群体聚集起来，培养一些高忠诚度的粉丝，让他们爆发出更大的能量。事实上，对于一个公众号来说，运营人员就是领导者，需要对整个账号的内容、服务、产品发展方向进行统筹、规划，吸引更多粉丝，不断提升账号价值。

从社交媒体的角度来看，大多数用户同时持有两种或两种以上的社交工具。在这种情况下，用户很难将注意力集中到一种社交媒体上，运营方要想吸引用户注意，需要付出更多的成本。因此，运营人员要想扩大微信公众号内容的触达范围，应该选择多个平台进行信息传播，吸引用户关注。

在具体操作过程中，运营人员要了解各个社交媒体平台的特性，进行专业化的内容输出。为此，运营人员还应该了解并把握用户的媒体使用习惯。对于处于初期探索阶段的微信公众号来说，这个环节的操作难度比较大。因为各个平台的特点不同，运营人员要了解平台特性，需要投入大量时间与精力。

第3步：完善功能设置

微信公众平台各个功能板块的主要作用就是为公众号运营人员的日常运营工作提供辅助，帮助运营者做好平台管控，为运营者与粉丝之间的互动提供方便。

◆ 群发功能

群发功能支持运营人员将精心编排的内容一键发送给所有公众号关注者，是使用频率最高的一项功能。只有在这一功能的支持下，内容才能传播出去。在使用这一功能时，运营人员必须注意以下几点：

- 订阅号1天只能群发1条消息，服务号1个月可以群发4条消息。
- 图片、语音上传到"素材管理"之后可以多次群发。
- 群发内容字数上限为600个字符或汉字。
- 只有文字、语音、图片、视频、图文消息支持群发。
- 如果图文消息已经发送成功，运营人员要进行修改只能删除已发送的内容，修改之后再次发送。

◆ 自动回复

微信的自动回复功能可以分为3大板块：

（1）被添加自动回复。微信用户关注某个微信公众号时会收到一条或多条提示消息，可能是文字、图片，也可能是语音、视频，这些消息就是运营者提前设置的自动回复。一般来说，被添加自动回复以文字为主，因为文字操控简单，只需要用心撰写，体现公众号特色即可，更容易被粉丝接受。

（2）消息自动回复。粉丝在后台提问或回复消息之后，后台会自动做出回复。虽然消息自动回复功能的使用非常简单，但存在一定缺陷，如不支持图文、网页地址等消息的回复，回复信息只能设置1条等。

（3）关键词自动回复。在这三种自动回复功能中，关键词自动回复的灵活性最高，支持运营人员自由发挥，但也设置了一些约束条件及注意事项，具体如下：

- 最多可以设置200条规则，规则名不超过60个字。
- 关键字不能超过30个字。
- 回复文字不能超过300个字。

◆ **自定义菜单**

自定义菜单的功能主要在于帮助公众号运营者对推送内容进行梳理。例如，某个微信公众号设置了三大菜单栏，分别是一起PPT、公开课、推送目录。其中，一起PPT定位为动手栏目，旨在引导用户动手制作PPT，提高PPT制作能力；公开课定位为主导栏目，旨在向粉丝推送公众号组织的各种类型的公开课；推送目录对该公众号所有的子栏目以及子栏目之下的历史推文进行整合、汇总。

自定义菜单栏为流量转接提供了可能。从用户角度看，自定义菜单栏的设置非常人性化，为用户寻找某个指定的推文提供了便利，不需要用户在海量历史推文中逐一搜索，只需要轻轻点击就能打开，节省了大量时间与精力。为了将自定义菜单栏的这一功能充分展现出来，运营人员要对菜单栏的跳转链接进行实时更新。

自定义菜单栏可以和更多平台建立链接。公众号运营人员可以通过自定义菜单栏设置链接，让用户点击图文消息就跳转到其他平台，将粉丝引流到其他平台，实现粉丝资源的共享与转化。

第4步：打造优质内容

在引流变现方面，内容永远是重中之重，只有优质的内容才能获得用户青睐，对用户产生持久的吸引力。为此，内容创作者必须注重内容质量，创作优质内容。内容创作可以分两部分进行：一部分是标题的拟定与修改；另一部分是内容的撰写与打磨。微信公众号的内容创作技巧如图7-1所示。

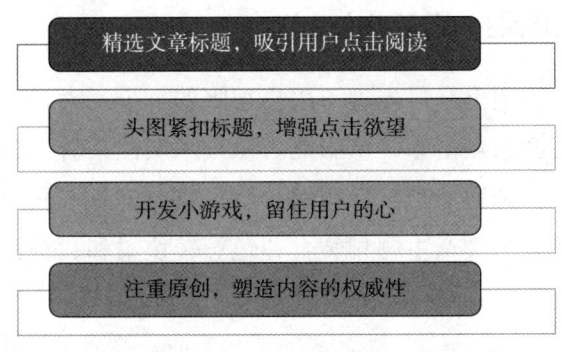

图7-1　微信公众号的内容创作技巧

◆精选文章标题，吸引用户点击阅读

对于微信公众号来说，文章标题直接影响着文章的阅读量。如果标题有趣、富有创意，就能吸引更多用户点击阅读。从某种意义上来说，标题就是文章的"窗户"，可以让用户初步了解内部景象，从而决定是否迈入其中，一探究竟。

一个具有较强吸引力的标题拟定有很多技巧可用，具体分析如下：

（1）成功的标题设置能够吸引更多读者点击阅读，但要确保文章标题与实际内容相符。另外，需要坚持自身的原则，树立正确的价值观，严禁用低俗内容吸引大众眼球，与此同时还要发挥自身的创意，避免一味地模仿。

（2）运营人员可以借用KOL的观点拟定标题。KOL是一个群体的领袖，其观点非常容易被群成员接受。如果运营人员可以借用KOL的观点拟定文章标题，必然能够引起用户共鸣，提高文章的点击率与阅读量。

（3）在标题前面添加"深度好文""推荐"等字样。社会心理学研究表明，人天生具有好奇心与探索欲，渴望美好的事物。在文章标题前面加上"深度好文""推荐"等字样，会对用户起到一定的暗示作用，刺激用户点击阅读。如果文章满足了用户的心理期待，用户就会主动转发分享，关注公众号。

◆ 头图紧扣标题，增强点击欲望

除标题外，头图也是最先进入用户视野的一个元素，头图的选择也会在一定程度上对文章点击率产生影响。从技术层面来看，头图剪裁要符合头图的像素要求，画质清晰，保留图片中的重要信息。从图片包含的信息来看，图片选择要与文章主题相契合，色彩轻快柔和，符合用户的审美心理及阅读文章时所产生的心理情绪。

◆ 开发小游戏，留住用户的心

微信公众号文章能否获得较高的阅读量，公众号能否获得更多关注，与粉丝形成长期稳定的关系，关键取决于文章内容的质量。为此，运营人员必须注意文章选题与质量，如有必要还可以与第三方合作开发一些能够增进用户互动的活动与小游戏，引导用户将其分享到朋友圈，从而为公众号带来更多流量。为防止用户产生反感情绪，小游戏设计必须好玩有趣，参与门槛要低，以吸引更多用户参与。

◆ 注重原创，塑造内容的权威性

粉丝之所以关注某个公众号，很大程度上是因为这个微信公众号提供的内容符合他们的需求，如能够开阔他们的眼界，或者提升他们的专业素质，因此，运营方必须注重内容提供。最好以原创内容为主，真正用心地进行内容创作，而不是向粉丝提供能够在其他平台看到的内容。

例如，当某个新闻热点在微信平台广泛传播时，以人民日报、央视新闻为代表的权威新闻资讯类账号发布的信息更容易吸引用户的目光，相比之下，其他账号发布的同类内容对用户的吸引力则比较低。为了提高用户的打开率，这些账号不要直接转发前者的文章，而应该创新思维，以差异化的标题和内容提高对用户的吸引力。

第5步：排版配色技巧

公众号呈现出来的视觉效果也是决定用户是否关注的一大因素。一般来讲，影响公众号视觉效果的因素有三个，分别是排版、配色和配图。下面我们对微信公众号的排版技巧、配色技巧和配图技巧进行详细阐述。

◆公众号运营的排版技巧

公众号要想吸引用户注意，不仅要有优质的内容，还要有精美的排版布局，色彩、图片丰富而有序，所以，公众号运营人员要具备较强的排版能力。

实际的排版操作受思维指导，而思维是经验与知识铸就的。只有在某种思维方式的影响下，运营人员的排版技能才能充分发挥作用。市场营销需求、传导效果、目标定位等要素都要与排版思维相融，只有用这种思维指导实际的排版操作，才能发现目标用户的真实需求，理解并满足用户需求，对内容传播效果进行分析，对内容设计策划进行权衡。公众号的实际排版操作技巧如下：

（1）图文排版方式。微信公众号的图文编辑有对齐、居中、居左几种排版方式。其中对齐排版能有效避免字里行间出现缝隙，保证文章的美观性，报纸、杂志、书刊经常使用这种排版方式。

居中排版相对比较正式，细小的字体配以较大的留白可以让人感觉高端、大气、精致，是目前公众号最常用的排版方式。

居左排版比较适合用来强调断句、诗歌、活动地点介绍等常用这种排版方式。

（2）字体。很多运营人员都喜欢使用斜体或下划线标注重点语句，事实上，这种方法并不能起到强调阅读的作用。

目前，汉字没有斜体字体，斜体都是通过点击斜体图标设置的。再加上，汉字讲究横平竖直，斜体会导致字体变形，不易识别，增加阅读难度。在屏幕面积较小的移动端，下划线会影响用户的阅读速度，使用户对信息的理解受到干扰。所以，如果运营人员想突出重点信息，可以改变字体颜色或者加粗，最好不要使用斜体或下划线。

◆ **公众号运营的配色技巧**

色彩把控与调整需要运营人员对营销对象做出深入了解与认知，除此之外，运营人员还要对用户思维、品牌思维进行长期培养，因为这是配色技巧的基础。具体来看，微信公众号的运营人员需要掌握以下配色技巧，如图7-2所示。

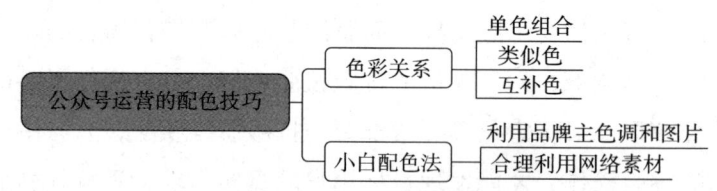

图7-2　公众号运营的配色技巧

（1）色彩关系。要想掌握配色技巧，首先要了解色彩之间的关系，微信公众号运营人员要掌握的色彩关系有以下几种：

- 单色组合。单色组合是一种颜色与其相应的明暗色的组合，具有整体、统一的特点，可以有效增强内容的层次感。
- 类似色。类似色别称相似色，指的是色轮上90°角内相邻的色彩，这些色彩彼此相邻，放在一起可以形成一个协调的组合。图文中使用类似色可以有效增强图文的韵律感，柔和的色彩过渡能够有效增强图文的和谐性。
- 互补色。互补色指的是色轮上相对的颜色。色彩之间的对比度高，能够带来较强的视觉冲击，吸引用户注意。公众号图文经常使用大范围的互补色搭配。

（2）小白配色法。Adobe Color CC是运营人员常用的一款配色工具，它不仅根据色彩规则对颜色做了分类，还为用户提供了很多色彩搭配方案。

- 利用品牌主色调和图片。如果运营的公众号有自己的主色调，运营人员可以直接使用这个色彩；如果主色调搭配过于单一或者运营人员想让内容图片与色彩搭配实现有机融合，就可以提取主色调中的一种颜色，利用单色组合或类似色实现这一目标。这种色彩提取方法比较安全，因为色彩来源于图片。
- 合理利用网络素材。对于微信公众号运营人员来说，这是一种易学易用的配色方法。运营人员只需要在日常工作过程中搜集一些色彩搭配较好的图片，提取其中的颜色为自己所用即可。一篇内容最多使用3种色彩搭配，而且要保证颜色整体协调一致，以免用户在阅读内容的过程中产生视觉疲劳。

◆ **公众号运营的配图技巧**

图片选择与色彩搭配一样都需要思维指导。图片选择体现了运营人员对品牌的综合把控能力，反映了思维的外向性。面对众多实景照片，色彩鲜明、明暗对比强烈的照片更容易吸引用户关注，所以，运营人员在选择照片时最好选择这类照片。如果图片不符合心意，可以使用Photoshop对图片色彩的对比度、色相、饱和度进行调整。

上述内容可以归结为一点，就是提升运营人员的审美能力，其方法非常简单，就是经常收集美好的图片，定期翻看这些图片，定期参加美术展、设计展等。在这个过程中，如果运营人员发现自己之前收藏的图片变"丑"了，就说明自己的审美能力得到了有效提升。

第6步：文章推送技巧

在进行内容推送时，要保证内容简洁，版面大方，贴近用户心理。微信订阅号每天都可以进行文章推送，群发一次消息，文章数量最多可以达到8篇。但一般情况下，微信订阅号无须一次性向用户推送8篇文章，因为每个用户会同时关注多个公众号，这些公众号推送的信息总量已经超过了用户的接受度，因此，运营人员在进行内容推送时应把握重点，不必以量取胜。

◆ **细化用户分析，内容精准推送**

微信公众号后台有一个用户分析功能，可以帮运营人员了解粉丝增长来源及粉丝关注公众号的时间。一般来讲，粉丝增长来源主要包括三个渠道，分别是搜索公众号名称、图文消息右上角菜单、名片分享等。

通过分析粉丝增长来源，公众号运营人员可以发现让用户关注公众号的有效途径，将其作为公众号推广的主要手段。例如，如果大部分用户都是通过阅读图文信息关注公众号的，那么运营人员要进一步了解这些用户是阅读了哪一类文章之后才决定关注公众号，然后将这类文章作为主要推送内容。如果用户是通过名片分享关注的公众号，运营人员可以策划一场口碑传播。

用户分析功能还可以分析用户属性，包括用户性别、语言、省份、城市、终端和机型，可以帮运营者进一步了解用户，对公众号内容做出更精准的定位。

图文阅读分析可以对图文页阅读人数、图文页阅读次数、原文页阅读人数、原文页阅读次数、分享转发人数、分享转发次数、收藏人数七大指标进行分析。文章标题直接影响着文章的点击率与阅读量，文章内容直接决定着文章的转发量，标题与内容相互影响。

除公众号直接推送外，朋友圈也是获取用户的重要渠道。一个具有吸引力的标题和一篇高质量的文章，可以在很大程度上提高文章的阅读量，使阅读量远超粉丝数量。对于微信公众号的运营人员来说，图文分析最重要的作用就是发现用户最喜欢的文章类型，让内容实现精准生产、精准推送。

◆选择并固定推送时间，培养用户阅读习惯

虽然微信用户都有自己的生活习惯，打开微信、浏览公众号文章的时间与频率各不相同，但从总体来看，微信用户使用微信的时间有规律可循。研究发现，同一篇文章在不同时间发送，最终的阅读量相差巨大。可见，公众号文章推送时间的选择非常重要。

首先，文章推送时间固定，且要形成一定的规律，以培养用户的阅读习惯，与用户建立长期稳定的关系，以保证文章的阅读量。

其次，据统计，微信公众号文章最佳推送时间段有四个，分别是早上7～8点、中午12点左右、下午6点左右、晚上10点左右。微信公众号运营

人员要选择一个合适的时间段推送文章，对文章推送时间与频率进行有效控制，切忌对用户造成骚扰，以免用户流失。

相较于音视频来说，图文内容制作相对简单，可以将内容直观地展示出来，而且不需要消耗太多流量，更符合手机端的使用习惯，是微信公众号最主要的内容形式。但微信公众号运营人员不能将所有资源全部投放到图文内容的制作上，要大胆创新，对新的传播形式进行探索，丰富内容呈现方式，满足用户求新求变的需求。

第7步：数据分析技巧

大部分公众号运营者每天都会进入账号后台查询最新的数据信息，这些数据信息的种类多、数据量大，运营者经常感到力不从心。这就要求运营者要具备敏锐的数据洞察和分析能力，有选择地关注数据，了解账号所处的运营状态，掌握用户对内容的偏好，找到最佳的内容发布时机。

在这方面，运营人员要重点关注4大数据指标，如图7-3所示。

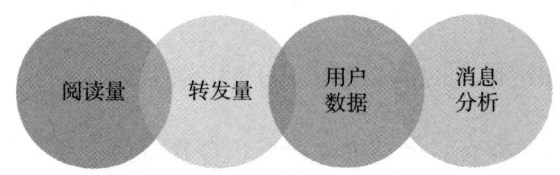

图7-3　公众号运营的4大数据指标

（1）阅读量。通过阅读量，运营人员可以了解粉丝对内容的兴趣程度，找到正确的内容方向，写出与粉丝需求相契合的内容，保证每篇文章都能获得高阅读量。

（2）转发量。通过转发量可以获知内容传播情况，辅之以收藏量就可以初步判定内容的价值。运营人员要对用户喜欢转发的内容进行深度思考。

（3）用户数据。用户数据包括新增用户、减少用户、累计用户和净增长用户数,这些数据看似没有太大价值,但以月/季度/年为单位将其整合在一起就会发现这些数据的巨大功效。

(4)消息分析。通过消息分析,运营人员可以了解账号与粉丝之间的互动情况。为了增加消息量,运营人员可以设置关键词,发起"回复有奖"活动,还要及时回复用户提出的问题,通过这种互动了解用户痛点,增强用户对账号的好感。

要想提升自己的数据分析能力,运营人员必须坚持每天进入后台查看数据,用图表将数据展示出来,以便更直观、快捷地发现问题。除此之外,运营人员需要每隔一段时间做一次数据分析,这个周期可以是月,也可以是季度。最后,运营人员要通过这个时间段的数据分析了解账号运营情况,进而得出结论。对于内容运营、社区运营、产品运营来说,数据永远是最基础、最重要的组成部分。

很多公众号都嵌入了不同的栏目和服务页面,这些项目可以看作产品,运营者不仅要保证这些项目正常运转,还要立足于用户需求、用户体验对这些产品与用户的接触点进行探寻,对用户在使用产品的过程中可能遇到的问题及产品的内在联系进行思考,将其整合在一起为目标用户服务。

在做完用户调研之后,运营人员还要通过与用户的交流对调研信息进行转化,找到用户的真实需求。此外,因为微信后台的功能有限,所以运营人员可以寻找一些可以对公众号进行精准管理的工具,如时趣的SCRM等。

第8步:留存促活技巧

在微信公众号运营过程中,成功吸引用户关注之后,接下来要做的就是实现用户留存,很多平台都做不到这一点。立足于用户层面来看,微信公众号要想做好用户留存,必须为用户提供符合其需求的内容,而且内容必须具有实用性。从这个角度来说,公众号运营人员要对用户需求进行精准把握，在长期运营过程中输出符合其需求的优质内容。

为此，运营人员可以打造"小而美"的微信公众号，在垂直领域深耕，确立平台内容的风格，突出表现独有特征，对用户实施精细化管理。此外，运营人员还可以通过以下几种方式来优化公众微信号的运营：

（1）融入互动元素，如开放评论功能，提高用户的参与度，体现对用户的尊重。

（2）组织活动邀请用户参加，为其提供适当的优惠。

（3）制定高效的运营规划，选择恰当的时机发布内容。

（4）注重内容排版，并在运营过程中不断优化。

对于微信公众平台来说，留存和促活之间存在某些共性。也就是说，只要平台能够维持自身运营，就能不断提高用户的活跃度。如果微信公众平台的用户活跃度不高，可能是由以下几种原因导致的：

（1）用户本身不活跃：平台无真实用户。

（2）用户接触不到平台内容：在信息泛滥时代，平台内容被海量信息淹没。

（3）内容无法吸引用户关注：标题过于普通，难以聚焦用户的注意力。如果平台内容长期缺乏吸引力，用户数量就会下降。即便部分用户没有取消关注，也不会继续阅读平台内容。

那么，微信公众号怎样提高用户活跃度呢？

（1）持续为用户提供优质内容。要想保持用户活跃度，公众号必须持续进行内容输出，如果平台能够长期为用户提供优质内容，就会使用户产生期待感。只要平台不断地进行内容更新，就会吸引用户阅读。

（2）定期组织活动。建议平台定期组织相关活动，给用户提供适当的优惠，使自身运营超出用户期待。

（3）创建粉丝社群，提高用户参与度。在条件允许的情况下，在微信菜单栏设置微社群，邀请用户加入，就相关话题发表观点，进而提高用户的参与度。

第20章
粉丝转化：公众号引流与变现技巧

方法1：朋友圈推广引流

作为微信的核心功能之一，朋友圈得到了微信团队的高度重视。为了维护用户体验，微信团队投入了很多资源，最终使很多用户养成了刷朋友圈的习惯。通过朋友圈传播，品牌或企业可以获得较高的曝光量。在基于熟人社交网络的微信朋友圈中，用户彼此之间存在一定的信任关系，商家在朋友圈中营销推广，更容易获得用户信任。对于企业、商家来说，利用朋友圈提高粉丝数量可以采用以下3种方式：

（1）朋友圈点赞、转发领取代金券，参与抽奖等。需要注意的是，现阶段，微信官方对朋友圈发布诱导性内容进行严厉打击，如果违规可能会面临账号被封停的风险。

（2）朋友圈分享H5游戏。游戏能够带给人们快乐，帮助人们缓解生活与工作压力，在朋友圈中分享H5游戏往往可以取得较高的曝光量。

（3）分享高质量的图文信息，这是朋友圈吸引粉丝的主流途径，微信官方也支持这种方式。在信息过载时代，人们身边充斥着大量同质信息，给生活质量造成了不良影响。高质量内容能够为人们创造价值，不仅不会引发人们的抵触情绪，还能得到人们的认可与信任。

从诸多实践案例来看，能够在朋友圈广泛传播，甚至利用人们的口碑传播实现病毒式扩散的内容，都是能够为用户创造价值的内容，这种价值可以是快乐，可以是知识，可以是感动，可以是激励等。要想通过这种方式传播引流，要求公众号运营人员回归到为用户创造价值的商业本质。

方法2：公众号搜索引流

在微信公众号出现之前，微信朋友圈是商家在微信平台开展推广营销的主要渠道，虽然微信拥有亿级用户，而且朋友圈没有5000人的限制，但因为朋友圈的私密性、熟人社交等特性，大部分企业在微信朋友圈中的营销效果并不理想。在此情况下，微信公众号一上线就迅速成为广大创业者及企业的营销新阵地。

低门槛、开放性较强的公众号，不仅为自媒体、企业、品牌商、KOL提供了一个维护用户关系的有效媒介，而且其引流价值也得到充分发掘，再加上微信版本快速更新迭代，公众号的变现配套功能越发完善，在公众号中建立微店、微官网、微商城等成为企业营销的主趋势。

微信公众号的搜索功能可以让用户搜索与关键词相关的微信公众号，在这方面，关键词设置及优化就显得尤为关键。设置关键词需要了解目标用户的搜索习惯、受教育水平等，并将关键词与时事热点相结合，对关键词进行持续优化调整，尽可能地让公众号在搜索结果中出现在更靠前的位置。

影响搜索结果排名的因素有很多，从实践经验来看，微信认证、用户活跃度、粉丝数、名称关联度（权重依次降低）等因素权重较高，而因为相近及重名关键词泛滥问题，名称关联度占据的权重越来越低。

微信认证是微信公众号的一项增值服务，微信官方对经过认证的公众号给予更多流量支持，认证成功的公众号在账号主体一栏有统一的标志，搜索结果排名靠前的微信公众号往往都是经过认证的。

用户活跃度及粉丝数量较高的公众号也会排在更靠前的位置，毕竟微信的商业价值建立在海量用户基础之上，平台要为用户提供良好的体验。而用户活跃度及粉丝数量较高，可以在一定程度上说明公众号得到了用户的支持与认可，将这类公众号推荐给用户可以切实保障用户体验。

近几年，微信采用了一系列方式限制企业的营销推广，因为诱导分享、内容违规等问题被封停的大流量公众号不计其数。微信向外界传递出来的声音是：微信公众号的核心功能是服务，而不是营销。为此，商家应该在公众号中为用户提供各种服务，如电子书、音频、短视频等，这样才能更好地留住用户，使用户保持较高的活跃度。

需要指出的是，与用户保持密切交流和沟通，对微信公众号引流也十分关键。公众号上线初期因为用户规模较小，人工回复基本可以满足需求，但随着用户数量不断增加，就要考虑引入智能聊天机器人进行智能回复。运营人员可以整理一些用户比较关注的问题，并准备专业的答案由智能聊天机器人向提出这类问题的用户反馈，降低自身工作负担的同时，提高用户响应的及时性，从而带给用户更好的体验。

方法3：个人微信号引流

公众号运营人员可以通过私人微信导入通讯录好友或QQ好友等方式添加微信好友，然后通过朋友圈分享或主动推荐，将好友转化为公众号粉丝。

摇一摇、漂流瓶、附近的人等都可以用于微信公众号推广。其中，一个微信号每天利用"摇一摇"可以添加20个好友，虽然短时间内不会取得明显的效果，但长期积累将为公众号带来大量粉丝。"附近的人"是一项基于LBS技术的交互服务，在地理位置方面存在一定的限制，比较适合那些有线下门店的实体服务商。

"漂流瓶"功能，一只漂流瓶最多可以被三个人看到，一个账号每天可以扔、捡漂流瓶的数量都是20个左右，同样需要长时间的积累才能获得较高流量。

公众号头像及命名也要高度重视，一旦确定尽量不要更改，因为更改后可能会给现有用户造成不适。当然，提高微信公众号粉丝数量不仅局限在微信平台以内，微博、贴吧、论坛、视频网站、问答社区、直播平台等都可以成为运营人员吸引粉丝的有效途径。

引流途径的选择重点在于质量而不是数量，要尽可能地选择用户分布较为集中的渠道，以免精力被过度分散导致引流效果不佳，浪费资源。吸引到用户后，还要尽可能地留住用户，通过在微信公众号添加小游戏、微信墙等方式让用户获得乐趣甚至归属感。

方法4：短视频推广引流

与图文内容相比，视频内容更具冲击力。随着智能手机的存储空间不断扩大以及流量成本日渐降低，视频尤其是时长为几秒到十几秒的短视频内容受到了广大网民的青睐。在日常运营中，公众号运营人员可以结合视频平台用户的需求特性，定制植入微信公众号二维码的短视频内容并将其分享到抖音、小咖秀、美拍等短视频平台，从而为微信公众号带来更多粉丝。

具体来看，运营人员如何借助短视频实现微信公众号的引流转化呢？

◆ 视频硬转化

视频硬转化就是将公众号信息显露在短视频中，引导观众点击关注。

（1）在视频中贴二维码或呈现公众号名称。

将公众号二维码或公众号名称通过短视频展示出来是最直接的引流方法。例如，有些短视频播放完之后会出现公众号二维码，并有文字提示"点击关注公众号，获取更多资讯"等。这种方法虽然操作简单，但引流效果有限，要求用户看完整个视频，但不是所有用户都能做到这一点。

（2）视频中演员提到公众号。

在短视频中，演员直接提及某个公众号，引导用户点击关注。例如，在"盈盈说电影"中，盈盈在讲述主要内容之前会说"还没有关注盈盈微信公众号的小伙伴，可以扫码或者搜索微信号×××点击关注哦"。如果内容精彩有趣，用户会主动点击关注。

◆ 活动硬转化

活动硬转化是指通过录制短视频向用户传达活动信息，引导对活动感兴趣的用户关注微信公众号参加活动，赢取奖品。

（1）关注公众号有奖品、抽奖、发红包。

通过奖品、红包吸引用户关注公众号，虽然这种方式可以在短时间内提高粉丝数量，但获取的粉丝质量不高，黏性不强，无法长久。所以，从总体来看，这种转化方式所取得的效果并不理想，正在逐渐被弃用。

（2）关注公众号参加比赛。

有些运营人员会组织一些活动，通过短视频向用户传达活动信息，激发用户参与活动的积极性。而用户要想参与活动就必须关注公众号，这样一来就能为公众号带去大批粉丝。通过这种方式吸引的粉丝活跃度、忠诚度都相对要高，转化效果较好。

（3）视频留言抽奖，抽奖名单通过公众号发布。

有些短视频会在结束时发起留言抽奖活动，在留言用户中随机选择几名用户赠送奖品，中奖名单通过公众号发布。为了获知自己是否中奖，用户会主动关注公众号。这种方式不仅可以提高用户留言评论的积极性，提高短视频的互动度，还能引导用户关注微信公众号，增加公众号的粉丝数量，一举两得。

◆ 利用渴求心理

（1）相关信息。

当短视频领域的某个IP形象已经有了较大的知名度，拥有一批高忠诚度的粉丝之后，就可以利用粉丝对这个IP形象的好奇心来引导他们关注公众号。例如，"罐头妹"凭借"罐头视频"在美食圈有了较高的知名度与影响力，积聚了一大批高忠诚度的粉丝。为了将粉丝引向微信公众号，"罐头妹"会在短视频的结尾提示用户"关注公众号，可以了解我吃什么，玩什么"，利用粉丝对自己生活的好奇心引导他们关注微信公众号。

（2）完整内容。

一些短视频制作团队会从一条完整的短视频中截取部分内容发送出去，在关键时刻戛然而止，引导想要获取完整短视频的用户关注微信公众号。如果内容足够有趣，对用户的吸引力足够强，就能为公众号带去大批粉丝。因为这些粉丝是为内容而去，所以活跃度及忠诚度都相对较高。

（3）相关视频。

一些系列迷你剧的短视频栏目可以尝试发布一期短视频，激发用户持续观看或者"考古"往期视频的积极性，然后引导用户关注公众号。如果短视频在微信公众号首发，会对忠诚粉丝产生强大的吸引力。

短视频的出现为微信公众号提供了一条新的吸引粉丝、获取粉丝的渠道，微信公众号运营人员要正确认识短视频的引流功能，创新引流方式，利用短视频为微信公众号吸引更多粉丝，提高引流转化效果。

方法5：自媒体推广引流

自媒体也是一条非常重要的引流渠道，目前可以为微信公众号运营人员使用的自媒体有很多，包括QQ空间、企业官方网站、贴吧、微博等。下面我们对自媒体引流的具体方式进行阐述，具体如图7-4所示。

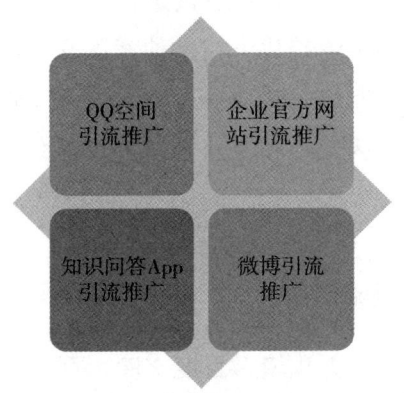

图7-4　自媒体推广引流渠道

◆ **QQ空间引流推广**

目前，QQ空间月活跃账户数为5.63亿，虽然近几年数据不断下滑，但依然是一个引流的绝佳场所。高质量的QQ空间文章，可以借助QQ好友分享实现"一传十，十传百"的病毒式传播。运营人员利用QQ空间推广引流，可以对QQ空间进行装饰，将公众号二维码添加到QQ空间底图，以便好友进入QQ空间时可以清楚地看到，从而产生兴趣，点击关注。

QQ空间文章可以和微信公众号文章相同，也可以结合QQ好友的个性化需求创作差异化的内容。和微信公众号一样，QQ空间也可以进行企业空间认证，认证后的QQ空间在目标用户心中有更高的可信度。在QQ空间相册可以上传企业办公环境、特色产品、举办的各类活动等图片。考虑到人们使用QQ空间的时间大多在12:00~13:30、17:30~18:30以及22:00~23:30，所以，在这个时间段内发布内容更容易获得较高的曝光度。

◆企业官方网站引流推广

企业官方网站是企业进行形象展示及网络营销的重要场所，是企业在互联网中的名片。目前，通过企业官网进行传播推广、发布商品资讯、招聘信息等已经成为一种主流趋势。在这种背景下，网民会将企业官网作为了解企业的重要渠道，所以，公众号运营人员可以通过在官网中添加公众号二维码，在用户评论区发布和公众号相关的软文广告等方式，吸引更多粉丝关注。

◆知识问答App引流推广

人们对知识的需求永无止境，百度文库、百度经验、百度知道及知乎等产品经过市场验证有较高的用户活跃度。微信公众号运营人员想要通过这些App获取粉丝，必须了解客户搜索的关键词，设置更有吸引力的标题，保证内容质量，维护用户的阅读体验，在此基础上将微信公众号链接或者二维码植入内容。

以百度文库为例，一般来说，人们浏览百度文库内容是为了获得实用性的内容，所以，运营人员在百度文库中对公众号进行推广时，必须为用户提供生活技巧等实用性较强的内容。与纯文本内容相比，图文结合的内容传播效果更好，不过上传图文类内容需要制作PDF格式的文档。

◆微博引流推广

作为国内仅次于微信的现象级社交媒体平台，微博也是为微信公众号引流的一条有效途径。不过，微博和微信作为竞争对手会相互限制内容传播，这就需要运营人员充分发挥创造力，将公众号链接或二维码巧妙地植入微博内容之中。

方法6：内容引流与转化

◆内容的吸引力与转换法则

对于公众号来说，内容在其运营过程中发挥着不可替代的作用，优质的内容能够吸引用户的关注，激发他们阅读的兴趣。那么，微信公众号运营人员如何提高自身内容的吸引力？在运营过程中应该注重以下两方面：

（1）体现微信公众号的鲜活性，展现情感丰富的品牌故事、记录精彩的历史瞬间、讲述新奇的故事、好友的真实经历等，以独特的视角体现企业的品牌价值及独有优势，激发用户的情感共鸣。

（2）要想提高粉丝用户的黏性，就要向他们展示平台的价值，让用户有充足的理由留在平台。从这个角度来说，在运营微信公众号的过程中，与其向用户强调公众号拥有哪些内容，不如满足用户需求，以实现更大范围的推广。

◆让体验精彩、生动、有趣

利用优质内容提升用户体验。明确公众号的目标定位后，要根据不同的内容类型，选择恰当的表达形式，将文字、图片、音频、视频等多种形式搭配起来应用。举例来说，电商企业可以在微信平台发布品牌故事、优惠活动信息等，通过内容运营发掘更多用户，同时推出微商城，开通微信支付功能，完成变现，通过组织抽奖活动、增加互动元素等提高用户的活跃度，运用先进技术手段提升用户体验，进而增强营销效果，以丰富的形式来提高对用户的吸引力。

◆ 塑造一个公众号的形象

为了拉近平台与粉丝用户之间的距离，微信公众号运营人员要注重塑造公众号形象，可以通过创建虚拟的微信品牌人物实现这一点。在运营过程中，用图片、文字、音视频等方式综合呈现，结合微信机器人凸显品牌优势，与用户开展及时有效的互动。另外，还要组织相关的内容活动，进一步加深用户印象，抢占用户心智。

在具体营销过程中，微信公众号运营人员可以设立活动专区，通过微信机器人发布平台营销的相关信息，如图标、素材等。在与粉丝用户互动的过程中，适时采用网络流行语、当下热词等，缩短与用户的距离，促使用户自发参与到推广传播之中。

◆ 建立长期的粉丝奖励机制

除定期举办优惠活动之外，还要面向全体粉丝用户建立长期的粉丝奖励机制。在具体设计过程中，要简化用户的参与流程，延长活动的有效期，选择适合平台的营销计划，从而达到推广目的。鼓励用户参与多种形式的互动，具体包括朋友圈分享、反馈、提问等，对参与者进行奖励，从而吸引更多用户。围绕粉丝奖励机制组织相关评选活动，为获奖者颁发奖品。

公众号推广是一个长期的过程，具体推广活动包括短期活动与长期活动两种。其中，短期活动的参与难度低，面向广大用户群体，能够有效提高用户的参与度，促使用户自发地进行品牌推广，进而提高整体的活跃度；长期活动可以通过微信机器人向用户传递更多信息。两种类型的活动相互配合，可以从整体上促进微信公众号的推广。

联合发起人成员名单

王天琮

王天琮（天天）1980年7月28日出生于河南焦作，中国内地主持人，影视男演员，自媒体网络达人，毕业于北京现代艺术学院。

2004年参加央视《梦想中国》选秀正式出道；

2008年参加全国主持人大赛获得金奖；

2010年获得北京十佳优秀主持人称号；

2013年参加央视综艺节目《开门大吉》；

2014年参加央视综艺节目《向幸福出发》；

2016年受邀担任央视《星光大道》特约嘉宾评委；

2017年担任央视《大爱中国行》全国巡演主持人；

2018年获亚洲美业最佳新锐男艺人奖；

2019年受邀参加央视《全球中文音乐榜上榜》节目录制；

2019年参演本山传媒《笑盗江湖》饰演管家获得一致好评；

2019年参演河南方言电影《大头大头》拍摄饰演警察叔叔；

2019年参演功夫电影《功德道》拍摄饰演海归留学生；

2019年受邀担任北京卫视春晚全国海选特约嘉宾评委；

2019年受邀担任东方卫视第五季《中国达人秀》河南赛区特约嘉宾评委；

2020年担任中粮集团推荐品牌天乐山楂酒官方形象代言人。

何 磊
星悦集团创始人,星悦商学院创始人,江西壹和化妆品公司创始人,江西几何医院管理公司董事长,江西丽恩美容服务公司总经理,中国商务谈判学专家,中韩微整形理事,江西应用科技学院客座教授。

夏 蕊
蕊婉服饰有限公司董事长,济宁商会副会长,万生堂生活馆董事长。

胡 迟
艾芙集团董事长,艾芙国际医疗整形创始人,厦门美宸医疗整形总经理,泉州艾芙医疗整形总经理。

吴艺凡
艾芙国际医疗整形创始人,厦门美宸医疗整形副总经理,泉州艾芙医疗整形副总经理。

付佳惠
福建艾缪斯贸易有限公司董事长,Muse by Rose服饰品牌创始人,艾芙集团投资人,担任多家公司创始股东,惠锦天成资产管理有限公司执行董事。

彭 丹
熙蒙医疗美容创始人,Beauty & Lady美业创始人,医美千万团队领导者,武汉多家百万医美团队商学院院长,武汉市留住百万大学生计划指定创业辅导老师。

林 颖
亚洲国际美容交流协会成员,国际医疗整形美容协理事,珀悦美美业平台创始人,专注整形医疗7年,长期致力于整形美容事业的发展项。

李小雪
美岸集团董事长,美岸商学院院长,美岸医疗整形创始人。

朱芷萱
亚洲女性密码心灵导师,两性情感专家,费洛恩高端定制女性私密抗衰老创始人,中国粉蓝丝带宫颈癌预防协会会员,美国高级人类性学研究院魅力女人性感教练,广州荣大生物科技有限公司董事,广州市墨臻素健康产业有限公司董事长。

丁芳芳
上海名媛医疗美容产业集团董事长,万店联盟医美互联网实战落地系统创始人,中国医疗美容整形实战运营管理专家,《美业新模式创业落地班》创业导师,23年医美专业领域操盘经验。

陈俊斌
上海名媛医疗美容产业集团总经理,中国大美业资深运营官,中国美业教练型讲师,实战营销专家、教育培训专家,中小型企业顾问、美业学者,15年一线行业实战运营管理经验,曾历任中国大美业多家顶尖公司高管。